W0233768

Lukian von Samosata

Vom beinahe vollkommenen Menschen

Lukian von Samosata

Vom beinahe vollkommenen Menschen

Übersetzt von August Pauly,
ausgewählt, behutsam überarbeitet und mit erklärenden Anmerkungen versehen von
Lenelotte Möller

marixverlag

Bibliografische Information der Deutschen Nationalbibliothek
Die Deutsche Nationalbibliothek verzeichnet diese Publikation in der Deutschen Nationalbibliografie; detaillierte bibliografische Daten sind im Internet über http://dnb.d-nb.de abrufbar.

Alle Rechte vorbehalten

Es ist nicht gestattet, Texte dieses Buches zu scannen, in PCs oder auf CDs zu speichern oder mit Computern zu verändern oder einzeln oder zusammen mit anderen Bildvorlagen zu manipulieren, es sei denn mit schriftlicher Genehmigung des Verlages.

Copyright © by marixverlag GmbH, Wiesbaden 2011
Covergestaltung: Nicole Ehlers, marixverlag GmbH
Illustration nach der Fotografie „Forum Romanum“ von Christa Kalz, Berlin
Lektorat: Dietmar Urmes, Bottrop
Satz und Bearbeitung: Medienservice Feiß, Burgwitz
Der Titel wurde in der Stempel Garamond gesetzt.
Gesamtherstellung:
Bercker Graphischer Betrieb GmbH & Co.KG, Kevelaer

Printed in Germany

ISBN: 978-3-86539-260-2

www.marixverlag.de

Inhalt

Einleitung von August Pauly zur deutschen Gesamtausgabe

Bei dem auffallenden Stillschweigen gleichzeitiger und späterer Schriftsteller über Lukian beschränkt sich das Wenige, was wir von seinen Lebensumständen wissen, auf einige in seinen eigenen Werken zerstreute Nachrichten, und auf die Folgerungen, die mit Sicherheit aus denselben gezogen werden können.

Sein Geburtsort war *Samosata*, eine unfern des Euphrats an den äußersten Grenzen griechischer Kultur gelegene syrische Stadt, an deren Stelle heutzutage ein gänzlich unbedeutender Ort, *Semisat*, befindlich sein soll. Das Jahr seiner Geburt lässt sich nicht mit Bestimmtheit angeben; doch vermutet Wieland nicht unwahrscheinlich, dass er um das Jahr 117 n.Chr. (Trajans Todesjahr) geboren wurde. Wie wenig das Glück ihn durch die Vorzüge ansehnlicher Herkunft und glänzender Vermögensumstände begünstigt hatte, erzählt er uns selbst in dem Aufsatz »Der Traum«, der mit Recht an der Spitze seiner Werke steht, und womit er die Vorlesung derselben in seiner Vaterstadt eröffnete. Der Bestimmung zum Handwerker, welche ihm seine Eltern, als er ungefähr 14 Jahre alt war, geben wollten, widerstrebte sein Genius, und er wählte die Laufbahn eines gerichtlichen Redners, welche damals ausgezeichnete Talente auf einen ehrenvollen Schauplatz führte, so wie sie dem Sohne unbemittelter Eltern ein reichliches Auskommen versprach. Wirklich hatte er mehrere Jahre, wie es scheint, zuerst in der Hauptstadt Syriens, Antiochien, sodann in Griechenland, mit Ausübung der gerichtlichen Beredsamkeit zugebracht, als die Unannehmlichkeiten dieses Berufs ihn bestimmten, sich auf den friedlicheren eines theoretischen Redners oder Lehrers der Redekunst (Sophisten) zu beschränken und sich dabei mit philosophischen und schönwissenschaftlichen Studien zu beschäftigen. In dieser Eigenschaft hielt er sich eine Reihe von Jahren in Gallien auf, wo er die Rhetorik als öffentlich angestellter Lehrer vortrug, und in der hohen Achtung, in welcher er dort stand, so wie in einem sehr reichlichen Einkommen die Früchte seines ausgebildeten Talentes erntete. Er mochte 35 bis 40 Jahre zählen, als er Gallien und zugleich das rhetorische Lehrgeschäft verließ, um nach Griechenland zurückzukehren, und, wie es scheint, die Jahre des mittleren Mannesalters, seine fruchtbarste Periode an literarischen Erzeugnissen, in Athen zu verleben. Dass er seine Vaterstadt zu einer Zeit wieder besuchte, wo er durch seine Schriften bereits zu einem hohen Grad von Berühmtheit gelangt war, ist nach dem oben angeführten Aufsatz ebenso wenig zu bezweifeln, als es wahrscheinlich ist, dass er sich lange in jener halbbarbarischen Provinzialstadt werde aufgehalten haben. Wenigstens ließe sich dies nicht wohl mit der Vorliebe zusammenreimen, welche er an mehreren Stellen seiner Werke für Athen an den Tag legte, welches auch in jenen späten Zeiten noch der Hauptsitz echter Urbanität und feiner Bildung war. In seinem höheren Alter nahm er eine mit Ansehen und bedeutendem Gehalt verbundene Beamtenstelle bei der Präfektur von Ägypten an, wobei ihm die Aussicht auf eine der höchsten Stellen im kaiserlichen Dienste, etwa das Gouvernement einer Provinz, eröffnet war. Ob diese Hoffnung in Erfüllung gegangen, wissen wir nicht: denn von jetzt an verlieren sich in seinen Schriften alle Spuren seiner weiteren Lebensgeschichte.

Dass er verehelicht gewesen und einen Sohn gehabt habe, schließt man aus einer Äußerung in dem Dialog »Der Eunuch«.[1]

Das Zeitalter, welches Lukian in seinen besten Jahren durchlebte, war also jenes glänzende unter Hadrian und den beiden Antoninen, wo unter der milden und friedlichen Regierung dieser weisen und humanen Fürsten der Wohlstand der Provinzen blühte und der lebhafte Verkehr der Städte und Völkerschaften einen äußerlich glücklichen Zustand herbeiführte, wie ihn die Geschichte des Altertums sonst nirgends, wenigstens nicht von dieser Dauer, aufweist. Besonders war es Athen, welches sich von jenen Umständen sowie von der Vorliebe begünstigt, die Hadrian für diese Wiege des Wahren und Schönen hegte, schnell wieder zu einer bedeutenden Höhe des Ansehens emporhob. Mehr als je war hier der Sammelplatz von Gelehrten und Künstlern aller Art, und nur der Grad der Geistesbildung bestimmte in dieser Musenstadt den Wert und die Achtung des Einzelnen, während

1 Über die Art seines Todes findet sich eine Angabe bei dem Lexikographen Suidas (um das Jahr 1000), die ein Beispiel abgeben mag, wie unser Satiriker von einer gewissen Klasse von Menschen beurteilt wurde. Er sagt: »Lukian, mit dem Beinamen der Lästerer [...], wurde, wie erzählt wird, von Hunden zerrissen, weil er in seinem Wahnsinn nicht einmal die Wahrheit verschont hatte. Denn in seinem »Leben des Peregrinus« hatte der Verfluchte auch das Christentum und die Person Christi selbst mit seinen Schmähungen angegriffen. Darum hat er schon in diesem Leben die gerechte Strafe für seine frevelhafte Raserei erlitten, in dem künftigen aber wird er in Gemeinschaft mit Satanas des ewigen höllischen Feuers Erbe sein.« – Der unparteiische Leser unseres Schriftstellers überzeugt sich bald, wie dieser das Christentum nur durch den Auswurf seiner Anhänger kennen gelernt, oder vielmehr eben dadurch so wenig kennen gelernt hatte, dass er sogar den gewöhnlichen Irrtum seiner Zeit, als ob Christentum und Judentum eins wären, geteilt zu haben scheint.

bloßer Rang und Reichtum nicht einmal vor jenem beißenden Spotte schützten, in welchem die Athener von jeher Meister waren. Der Aufenthalt in dieser Stadt, und daselbst der vertraute Umgang mit seinem väterlichen Freunde Demonax, dem veredelten Kyniker, dem er in einem seiner Aufsätze ein so schönes Denkmal setzt, war die wesentlichste Epoche in Lukians Bildungsgeschichte, und höchst einflussreich auf Zweck, Geist und Charakter sowie auf die Form seiner schriftstellerischen Produktionen.

So glücklich und blühend aber jenes Zeitalter in mancher Beziehung war, so litt es gleichwohl an eigentümlichen und sehr wichtigen Gebrechen. Eben jene Gunst, welche gebildete Regenten, wie Hadrian und Marc Aurel, den Wissenschaften und insbesondere der Philosophie schenkten, machte, dass sich viele Unwürdige herzudrängten, welche unter der Philosophenmaske die niedrigsten Absichten verbergend, die Wissenschaft zum bloßen Erwerbsmittel herabwürdigten und so ihren Verfall und ihre Verachtung herbeiführten. Es wimmelte ferner in jener Zeit von dem windigen Geschlechte der Sophisten oder Schönredner, welche mittels dialektisch-rhetorischer Kunstgriffe in schimmernden Deklamationen mit der Wahrheit ihr leichtfertiges Spiel trieben. Dazu kam, dass der religiöse Volksglaube gerade damals, als sich die alten Institute zum Untergange neigten, je ferner er jener Periode künstlerisch schaffender Phantasie stand, welche ihm das Dasein gegeben, und je mehr durch die Vereinigung der verschiedensten Nationen in einen Staatskörper, ein Gemenge der mannigfaltigsten Vorstellungen, Sagen und Gebräuche entstanden war, desto mehr seine Inkonsequenz und innere Unhaltbarkeit an den Tag legte. Zwar hing die Masse des Volks noch an den alten

Sagen und äußeren götterdienstlichen Einrichtungen; allein das Unbefriedigende derselben, das immer fühlbarer ward, scheint jenen Hang zum Wunderbaren und zur Schwärmerei herbeigeführt zu haben, welcher Lukians Zeitalter ganz besonders charakterisiert: Der Orient mit seinen Mysterien, magischen Künsten und geheimen Wissenschaften beschäftigte die Einbildungskraft einer Generation, welche die sichersten Verwahrungsmittel gegen solche Verirrungen, nämlich frische Tatkraft und reges politisches Leben, längst verloren hatte; und so hatte denn eine Menge religiöser Gaukler in dem trüben Zwielicht jener Zeiten ein leichtes Spiel. Dass der äußerste Sittenverfall sich zu jenen krankhaften Erscheinungen gesellte, ist nichts weniger als befremdend: Und in dieser Beziehung erscheint uns besonders die damalige Welthauptstadt, wo alle Schätze und Herrlichkeiten des kultivierten Teiles der Erde zusammenflossen, als der Schauplatz einer Verdorbenheit, die in den Annalen der Menschheit ohne Beispiel ist. Geldsucht und Sklavensinn paarten sich hier mit brutalem Machtstolz und mit der üppigsten Verschwendung.

Lukian, ein heller Kopf und entschiedener Freund der Wahrheit, beschloss den Kampf gegen dieses Zeitalter des Trugs, Aberglaubens und Dünkels; und wäre er weniger kaltblütiger Verstandesmensch gewesen, er hätte ihn nicht mit so glücklichen Waffen geführt. Wie er selbst in jener schönen Allegorie vom Ausstreuen der Samenkörner andeutet (»Der Traum«, Kap. 15), so hatte er sich zur Aufgabe seines Lebens gemacht, Wahrheit und echte Lebensweisheit unter seinen Zeitgenossen zu verbreiten. Deklamationen, Strafpredigten und Ermahnungen hätten hier nichts verfangen: Die ernste Absicht musste, unter dem Scheine des heiteren, oft mutwilligen

Scherzes verborgen, Torheit und Laster mit der Geißel der Satire gezüchtigt, dem Leser die bittere Arznei mit unterhaltender Ironie und Laune beigebracht werden. Dazu war unser Lukian durch seine Anlagen vor allen berufen. Er besaß von Natur in hohem Grade die Gabe des Witzes und das Talent, von jeder Sache die lächerliche Seite aufzufinden und ins Licht zu stellen, ein Talent, das sich durch den Umgang mit den besten Köpfen Athens nur umso glücklicher entwickelte und verfeinerte. Gesundes Urteil, Geschmack, Reichtum an Ideen und Kenntnissen, eine seltene Leichtigkeit in Erfindung der mannigfaltigsten und jedes Mal passendsten Formen, und, was das Genie charakterisiert, das glücklichste Gleichgewicht aller Geisteskräfte und die sicherste Harmonie in ihrer Zusammenwirkung – diese Vorzüge waren es, die ihn Werke von bleibendem, ja in gewissen Zeiten sich wieder verstärkendem Interesse schaffen ließen und ihm die Bewunderung jedes Gebildeten sichern.

Original ist Lukian schon dadurch, dass er sich das geschickteste Organ für seine Satire in der neuen Art von Dialog schuf, worin er die sokratische Gesprächsform der Philosophen mit der dramatischen der alten Komödie glücklich paarte und somit, indem er seine Charaktere gleichsam in Handlung setzte, um so lebhafter die Lichter seines Witzes wirken lassen konnte. Unstreitig sind seine satirischen Schriften der vorzüglichste Teil seines Nachlasses, und in ihnen hat sich seine Eigentümlichkeit am treusten ausgeprägt. Sie gelten zum Teil den gleisnerischen Afterphilosophen seiner Zeit (die vorzüglichsten hierher gehörigen sind Nigrinus, die Versteigerung, der Fischer, Hermotimus, die Entlaufenen, die neuen Lapithen, Ikaromenipp); in andern ließ er den religiösen Volksglauben seine Geißel fühlen, indem er die Lächerlichkeit und Inkonsequenz der Göttersagen in ihrer ganzen Blöße darstellte[2] (z.B. Prometheus, Götter- und Meergötter-Gespräche, Jupiter Tragödus, Der überwiesene Jupiter, Die Götterversammlung, Ikaromenipp, Die Opfer); und da Pfafferei aller Art und in jeglicher Gestalt an ihm einen unerbittlichen Gegner fand, so empfanden besonders jene Gaukler, die unter religiöser Maske den Aberglauben des Volks sich zu Nutze machten, seine schärfsten Züchtigungen (z.B. Der Lügenfreund, Der falsche Prophet, Peregrinus). Endlich ergießt sich eine reiche Ader seiner Satire über die Torheiten der Menschen überhaupt, insbesondere über ihr Trachten nach vergänglichen äußeren Gütern, ihre Eitelkeit, ihren Hang zur Üppigkeit und dergleichen (z.B. Timon, Nigrin zum Teil, Totengespräche, Charon, die Überfahrt, die saturnalischen Aufsätze u. a. m.). Noch ist außer den genannten Klassen eine reiche Anzahl vermischter Dialoge und Aufsätze von verschiedenem, zum Teil vorzüglichem Wert und Interesse auf uns gekommen, von denen jedoch einige Lukians Namen fälschlich tragen. Wir nennen von den ausgezeichneteren unter diesen Produkten: »Die gedungenen Gelehrten«, die Abhandlung »Wie man Geschichte schreiben soll« sowie die Aufsätze Toxaris, Anacharsis, Demonax, Panthea.

Wenn man auch zuweilen über eine gewisse Kälte klagen möchte, die dem edleren Gefühl wehtut, so ist unserem Schriftsteller gleichwohl Achtung für alles wahrhaft

---

2 Dieses Streben war indessen rein negativ. Wenigstens lässt sich wohl nirgends die Absicht nachweisen, einem geläuterten religiösen Vernunftglauben den Weg zu bahnen, und ebenso wenig, dem Christentum in die Hände zu arbeiten, wie Kestner annimmt (S. dessen »Agape« S. 500 ff). Dazu aber half er, ohne es zu wollen, mitwirken, dass die Anhänger des alten Glaubens durch mystische Deutungen das Ansehen desselben zu retten suchten.

Große und Liebe zum sittlich Schönen[3] nicht abzusprechen. Als Philosoph machte er die praktische Weltweisheit zum Hauptgegenstande seines Studiums und bewegte sich zwischen den verschiedenen Systemen mit der Freiheit eines Eklektikers. Am meisten jedoch scheint er dem wahren Geist des Zynismus und Epikureismus zugetan gewesen zu sein.

Was seine Werke fast durchaus bezeichnet, ist eine gewisse Glätte, Leichtigkeit und muntere Laune. Die Schreibart ist den attischen Mustern mit vielem Glück nachgebildet, und erinnert nur selten an den Geschmack jenes späten Zeitalters. Dem Letzteren dürfte es zuzuschreiben sein, wenn der Stil besonders in jenen Schriften, deren Abfassung in die rhetorisch-sophistische Periode unseres Autors oder wenigstens in die Nähe derselben fällt, bisweilen mit Blumen überladen, mit falschem Witze spielend erscheint, wenn Metaphern zu sehr gehäuft, Allegorien zu lange fortgesetzt werden und dergleichen. Auch kann nicht geleugnet werden, dass der ihm besonders eigentümliche Wortreichtum, der nicht selten vollkommene Tautologien erzeugt, nicht eben zu seinen Vorzügen gehört.

Eine Übersetzung des Lukian, der sich durch eine so gefällige Leichtigkeit und Laune auszeichnet, muss sich, um eben diesen eigensten Reiz des Autors dem deutschen Leser zu bewahren, mit einiger Freiheit bewegen dürfen; und so konnte meine Aufgabe, gegenüber von einem Vor-

---

3 Was das Letztere betrifft, so denke ich nicht, dass man dagegen gewisse Derbheiten und Natürlichkeit anführen werde, die sich in einigen Schriften Lukians häufig genug finden. Nirgends wird man dartun können, dass er das Obszöne als solches aufgesucht oder absichtlich festgehalten hätte. Und überdies, wie ganz anders als wir dachten und empfanden über diesen Punkt die Griechen?

gänger wie Wieland, der gerade von dieser Seite ein Meisterwerk geliefert hat, nur diese sein, zu versuchen, wie sich jene Freiheit der Bewegung mit der Treue gegen die Urschrift noch näher möchte vereinigen lassen. Übrigens fühle ich nur zu sehr, wie diese Arbeit nachsichtiger Beurteilung bedarf, und wünschte mit größerer Zuversicht, als ich es kann, an die Worte Wielands zu erinnern: »Die Gelehrten, die Lukian mit Geschmack in seiner eigenen Schrift lesen, können allein von den Schwierigkeiten einer Arbeit urteilen, die oft da am schwersten ist, wo sie am leichtesten scheint; und sie sind es, von denen ich mir die meiste Billigkeit und Nachsicht verspreche.« – Noch bin ich das Geständnis schuldig, dass ich mich einige Male (z.B. im Timon) nicht enthalten konnte, unnachahmlich gelungene Stellen der Wieland'schen Übertragung, besonders im leichten und lebendigen Fluss des Dialogs, zu borgen. Warum hätte ich in solchen Fällen dem Leser etwas entschieden Mangelhafteres bieten sollen? Nur unterließ ich anfangs (was später nicht mehr geschehen soll) die ausdrückliche Nennung Wielands in der Note.

In der Ordnung der einzelnen Stücke folge ich den Ausgaben. – Dass ich die vorzüglichsten Bearbeitungen des ganzen Schriftstellers sowohl als einzelner Teile desselben benutze, brauche ich nicht zu versichern. Der Text, dem ich folge, ist der Lehmann'sche; einzelne Abweichungen werden in den Noten angezeigt. Nur im »Traum«, »Anacharsis« und »Vaterlandslob« übersetzte ich nach dem Texte meiner Ausgabe (Tübingen 1825).

Unter den Schriften Lukians finden sich drei: »Das Gericht der Vokale«, »Lexiphanes« und »Der Solözist«, welche, da sie grammatisch-rhetorische Spiele des Witzes zum Gegenstand haben, nur dem gelehrten griechischen Leser verständlich und von Interesse sein können. Ich wollte diese anfänglich ganz weglassen: Weil sie jedoch von der Redaktion gewünscht werden, so sollen sie am Schlusse des letzten Bändchens nachträglich folgen. Nur von einer Übersetzung der beiden »Eroten«, die Lukians Namen entehren würden, wenn er ihnen mit Recht vorgesetzt werden könnte, des fünften der »Hetärengespräche«, und des gleichfalls unechten, abgeschmackten Fragments »Okypos«, bitte ich den geneigten Leser um Dispensation. Der Kundige wird sie mir nicht versagen.

Timon oder der Menschenfeind

Inhalt: Nach einer Beschimpfung Zeus' durch Timon, in welcher Lukian seine Kritik an der alten griechischen Religion durchscheinen lässt, folgt ein Dialog zwischen Hermes und Zeus über ihn, der, ursprünglich reich, durch seine Freigiebigkeit und den Undank der Beschenkten arm geworden ist. Zeus hat Erbarmen. Plutos, der Reichtum, soll zu ihm zurückkehren, weigert sich aber zunächst und geht dann doch in Begleitung von Hermes. Als Peneia, die Armut, Timon verlässt, nimmt sie Weisheit und Mühe mit sich. Entsprechend verwendet Timon seinen neuen Reichtum, sich von den Menschen abzuschotten.

Gesprächsteilnehmer: Timon, Zeus, Hermes, Plutos, Peneia, Gnathonides, Philiades, Demeas, Thrasykles

Timon.[4] (1) O Zeus, du Freundschaftsstifter, Beschützer des Gastrechts, Versöhner, Hüter der Familie, Blitzeschleuderer, Meineidsrächer, Wolkenversammler, Donnerer – und wie die Namen alle heißen, welche dir die angedonnerten, verrückten Dichter beilegen, zumal, wenn sie um das Silbenmaß verlegen sind (denn dann müssen deine vielen Beinamen helfen, den Einsturz ihrer baufälligen Gedichte zu verhüten oder eine Lücke im Vers auszufüllen): Wo bleibt nun dein niederschmetternder Blitzstrahl, dein weithin dröhnender Donner, dein glü-

4 Die Gestalt des Menschenfeindes Timon gibt es in der griechischen Literatur schon seit dem 5. Jh. v.Chr., vor allem in der Komödie.

hendes grässliches, zuckendes Wetterlicht? Alles das ist eindeutig leere Fabelei, und hinter dem Gebraus der Worte steckt eitel poetischer Dampf. Dein viel besungenes, weithin treffendes, allzeit bereites Flammengeschoss – wie ist es doch gänzlich erloschen und erkaltet und hat auch nicht das kleinste Zornfünkchen mehr übrig, um auf die Köpfe der Frevler zu fahren!

(2) Leute, die im Begriff stehen, einen Meineid zu schwören, würden sich eher vor einem gestern ausgelöschten Lampendocht fürchten als vor der Flamme deines allgewaltigen Blitzstrahls. Es kommt ihnen vor, als ob du eine Kienfackel schwängerst, deren Feuer und Rauch sie nicht zu fürchten haben und von welcher getroffen sie höchstens mit Kohlenstaub bedeckt werden. Daher konnte sich schon ein Salmoneus herausnehmen, dir entgegenzudonnern,[5] und man kann es ihm wohl zutrauen, dem stolzen und hitzigen Mann, gegenüber einem so phlegmatischen Zeus. Warum sollte er auch nicht. Es ist doch, als hättest du Alraun im Leib, so schläfrig liegst du da, so wenig kümmerst du dich um alle Meineidigen und Bösewichte, hast trübe und blinde Augen und taube Ohren bei allem, was geschieht, wie tote alte Männer.

(3) Denn solange du noch jung, stürmisch und jähzornig warst, machtest du dir viel mit den Ungerechten und Gewalttätern zu schaffen und gönntest ihnen damals keinen Waffenstillstand, sondern stets war dein Donner-

---

5 Der Sohn des Aiolos forderte, dass man ihm die für Zeus bestimmten Opfer darbringe. Zeus' Donnern ahmte er nach, indem er mit einem Wagen über eine kupferne Brücke fuhr. Ebenso warf er brennende Fackeln unter die Menschen, um sich als Blitzschleuderer auszugeben. Dafür schlug ihn Zeus mit einem echten Blitz tot und machte eine von ihm gegründete Stadt dem Erdboden gleich. Apollodor, Bibliotheke, 1,9.

keil in Bewegung, dein Schild[6] in Aktion, dein Donner grollte, deine Blitze schossen ununterbrochen wie die Pfeile in einer Schlacht vor dir her. Die Erde erbebte wie ein gerütteltes Sieb, der Schnee fiel in Massen, es hagelte Felsbrocken, und – um einmal recht derb mit dir zu sprechen – in Zorn und Allgewalt ergoss sich der Regen, ein Strom war jeder Tropfen, sodass zu Deukalions Zeit alle Schiffe in einem Augenblick untergingen und verschlungen wurden und nur mit Not ein einziger kleiner Kasten auf dem Lykorischen Berg sitzen blieb, in welchem sich ein schlechter Ableger des Menschengeschlechts erhielt, um noch schlechterer Nachkommenschaft das Leben zu schenken.[7]

(4) Darum erntest du auch von ihnen den verdienten Lohn für deine Gleichgültigkeit. Denn niemand mehr opfert dir heute noch oder bringt dir Kränze dar außer gelegentlich bei den Olympischen Spielen, und auch da nur beiläufig, durchaus nicht weil er es für notwendig hält, sondern nur um einem alten Brauch sein Recht zu geben. Über kurz oder lang werden die Leute einen zweiten Kronos[8] aus dir machen, o edelster der Götter, und dich von deinem Thron stoßen. Ich sage nichts davon, wie oft sie schon deine Tempel bestohlen haben: Haben sie doch in

---

6 Der Schild hieß Aigis und war aus dem Fell einer ungeheuren Ziege hergestellt, mit deren Milch der Säugling Zeus von seiner Amme ernährt worden war.

7 Deukalion war der Sohn des Prometheus, der über Lykorea am Fuß des Berges Parnass auf der Peloponnes herrschte; er und seine Frau waren fromme Menschen, die die Götter gewissenhaft verehrten. Beide überlebten nach der griechischen Sage die Sintflut, die sonst alles Leben zerstörte, in einem Kasten, in welchen er nach Lukian »Die syrische Göttin« auch einige Tiere mitgenommen hatte. Nach der Flut warfen er und Pyrrha auf Befehl der Götter Steine, aus denen ein neues Menschengeschlecht entstand.

8 Vater des Zeus, von diesem selbst entmachtet.

Olympia Hand an dich selbst gelegt, und du, der Donnerer, hattest nicht einmal das Herz, die Hunde zu wecken oder die Nachbarn herbeizurufen, damit sie herbeieilten und die Diebe fassten, solange diese noch ihren Raub zusammenpackten. Nein, der großmächtige Gigantenwürger und Titanenbändiger sitzt da, mit seinem zehn Ellen langen Blitz in der Hand, und lässt sich die goldenen Locken abschneiden![9] Wann willst du endlich, du sauberer Held, endlich aufhören, solche Frevel ganz zu übersehen? Wann endlich die Ruchlosen bestrafen? Wie viele Phaëthonische Erdenbrände,[10] wie viele Deukalionische Fluten wären nötig, um die bodenlose Verruchtheit der Welt zu züchtigen!

(5) Doch ich will vom Allgemeinen schweigen und nur von mir sprechen, der ich so viele Athener aus dem Staub gezogen und aus armen Schluckern zu reichen Männern gemacht, alle Bedürftigen unterstützt, ja ich darf sagen, meinen ganzen großen Reichtum verschwendet habe, um meinen Freunden Gutes zu tun. Und jetzt, da ich auf diese Weise arm geworden bin, kennt mich keiner mehr und sieht mich keiner mehr an von all denen, die sich sonst vor mir geduckt und gebückt und sich an meine Winke gehängt hatten. Begegne ich einem von ihnen auf der Straße, so geht er an mit vorüber, wie man an dem durch den Zahn der Zeit verfallenen Grabmal eines längst ver-

9 Die große Zeusstatue von dem berühmten Bildhauer Pheidias in Olympia, die mit Gold und Elfenbein verziert war, beschreibt Pausanias im 5. Buch seiner Darstellung Griechenlands. Nach einer Sage soll die Statue, als sie auf Befehl des Kaisers Gaius/ Caligula nach Rom gebracht werden sollte, um einen dem Caligula nachempfundenen Kopf zu erhalten, einen furchtbaren Schrei ausgestoßen haben. Hier jedoch scheint Lukian auf eine ungerächte Schändung der Statue anzuspielen.

10 Erdenbrand, der durch Phaëthon ausgelöst wurde. Dieser hatte von seinem Vater Sol als Beweis der Vaterschaft gefordert, den Sonnenwagen fahren zu dürfen und war damit abgestürzt.

storbenen Menschen vorübergeht, ohne auch nur seine Inschrift zu lesen. Andere biegen schon, wenn sie mich von fern erblicken, in eine andere Straße ein, als ob sie den Anblick eines Mannes als Unheil bringend betrachten, der noch vor Kurzem ihr Retter und Wohltäter gewesen war.

(6) So hat mich denn die Not auf dieses entlegene Feld hinausgetrieben, wo ich mit diesem Fell auf dem Leib um einen Tagelohn von vier Obolen den Acker bebaue und so nebenher mit meinem Spaten und diesen öden Fluren philosophiere. Was ich dabei gewinne, ist doch wenigstens, dass ich die vielen Menschen nicht mehr sehen muss, die es unverdient gut haben. Das ist es, was mich am meisten ärgert. Drum auf, du Sohn des Kronos und der Rhea, entschüttle dich einmal deines tiefen und langen Schlafes, denn schon länger als Epimenides[11] hast du geschlummert. Fache wieder deinen Blitzstrahl an oder entzünde ihn am Oita[12] und zeige uns in einem gewaltigen Zornesfeuer wieder den mannhaften, jugendfrischen Zeus, sofern nicht wahr ist, was die Kreter von dir und deinem dort befindlichen Grab fabulieren.[13]

---

11 Epimenides aus Kreta, der Sohn einer Nymphe, hütete auf väterlichen Befehl Schafe, als er sich auf der Suche nach einem verlorenen in eine Höhle verirrte, wo ihn der Schlaf überfiel. Dieser dauerte 57 Jahre, und als Epimenides wieder aufwachte und die Suche nach seinem Schaf fortsetzen wollte, fand er eine völlig veränderte Welt vor. Erst als er erkannt und berühmt geworden war, wurde er wie ein Orakel befragt. Diogenes Laertios, Leben und Meinungen der griechischen Philosophen, 1. Buch.

12 Berg zwischen Thessalien und Makedonien, wo Herkules verbrannte.

13 Doppelte Anspielung, erstens auf die antike Meinung, dass die Kreter lügen, zweitens auf die Sage, dass Zeus ursprünglich ein König gewesen sei, der auf Kreta gestorben und dort begraben worden sei. Erst nach seinem Tod sei er wegen seiner Verdienste für einen Gott gehalten worden (Diodor von Sizilien 3,61 und 5,71, ebenso Laktanz, Institutionen, 1,11 und Minucius Felix, Octavius 22)

Zeus. (7) Wer ist denn der Schreier da unten, Hermes, in Attika, am Fuß des Hymettos? Ich meine den schmutzigen Kerl dort in dem Ziegenfell, der dort tief gebückt den Boden behackt. Der freche Mensch schwatzt in einem fort, er muss wohl ein Philosoph sein, sonst ließe er nicht so gottlose Reden gegen uns laufen.

Hermes. Wie, Vater, kennst du denn den Timon nicht mehr, des Echekratides' Sohn aus Kolyttos?[14] Das ist doch derselbe, der kürzlich noch so reich gewesen ist, uns so oft mit herrlichen Opfern und ganzen Hekatomben[15] bewirtete, derselbe, bei dem wir die Diasien[16] so köstlich zu begehen pflegten.

Zeus. Welche Veränderung! Das soll jener reiche Ehrenmann sein, der immer von so vielen Freunden umgeben war? Was ist ihm denn begegnet, dass er nun so schmutzig und armselig und – aus der schweren Hacke zu schließen, mit der er die Erde bebaut – gar ein Tagelöhner ist?

Hermes. (8) Man kann sagen, seine Gutherzigkeit, seine Menschenliebe, sein Mitleid mit allen Bedürftigen haben ihn aufgerieben. Richtiger gesprochen aber war es sein Unverstand, seine gutmütige Einfalt, sein Mangel an Unterscheidung unter den Freunden. Dies bewirkte, dass er nicht merkte, wie er seine Gefälligkeiten Raben und Wölfen erwies. Der arme Tropf glaubte, dass die Geier, die ihm die Leber benagten,[17] lauter gute Freunde aus echtem Wohlwollen wären, während es ihnen doch nur

14 Attischer Demos (Bezirk).
15 Opfer von hundert Rindern.
16 Zeusfest in Athen, vgl. Thukydides, Geschichte des Peloponnesischen Krieges, 1. Buch.
17 Anspielung auf Prometheus, der auf diese Weise für die Übergabe des Feuers an die Menschen bestraft wurde.

um den Fraß zu tun war. Als sie ihm endlich auch die Knochen säuberlich abgenagt und den letzten Rest Mark ausgesaugt hatten, flogen sie auf und davon und ließen ihn dürr bis auf die Wurzel abgehauen liegen, ohne ihn künftig noch zu kennen oder anzusehen (Wie sollten sie auch?), geschweige denn ihn zu unterstützen oder ihm seine Geschenke zu erwidern. Aus Scham hierüber hat er nun, wie du siehst, die Stadt verlassen, ein Ziegenfell übergezogen und die Hacke ergriffen, um als Tagelöhner das Feld zu bebauen. Dabei ist er voller schwarzer Galle über die Schurken, die durch ihn reich wurden und nun ganz vornehm an ihm vorübergehen, ohne sich auch nur zu erinnern, dass er Timon heißt.

Zeus. (9) Wir dürfen diesen Mann wirklich nicht übersehen und vernachlässigen, er hatte nicht Unrecht, über sein Unglück zu klagen, da wir nahe daran sind, es nicht besser zu machen als jene unseligen Schmarotzer, indem wir eines Mannes vergaßen, der uns so viele fette Hinterviertel von Rindern und Ziegen auf unseren Altären verbrannt hat. Noch jetzt hab ich wahrhaftig den Fettdampf davon in der Nase. Allein die vielen Geschäfte und die Unruhe, welche mir die Menge von Meineiden, Brutalitäten und Straßenräubereien verursachten, dazu die Furcht vor den vielen Tempeldieben, derer ich mich kaum zu erretten weiß, sodass ich es mir nicht erlauben kann, auch nur ein bisschen einzunicken – alles dies führte dazu, dass ich seit langer Zeit auf Attika nicht einmal mehr herabgesehen habe, zumal seit die Philosophie und das Disputieren dort aufgekommen sind. Denn das ist ein Streiten und ein Schreien, dass man nicht einmal die Worte der Betenden davor hören kann. Entweder muss ich mit verstopften Ohren dasitzen oder zugrunde gehen bei dem ewigen Geplärr über das Ding, das sie Tugend nennen, über unkörperliche Wesen und andere Lappalien dieser Art.[18] Und so unterlief es uns auch, dass wir diesen da ganz außer Acht ließen, wiewohl er durchaus kein unrechter Mann ist.

(10) Umso mehr beeile dich, Hermes, dich zugleich mit Plutos[19] dich zu ihm zu verfügen. Plutos soll Thesauros[20] mitnehmen, und beide sollen bei Timon bleiben und ihn nicht so leicht wieder verlassen, auch wenn er sie aus lauter Ehrlichkeit aufs Neue zum Haus hinausjagen wollte. Was aber jene Schmarotzer und ihre an ihm bewiesene Undankbarkeit betrifft, so werde ich sie schon finden. Sie werden es büßen müssen, sobald mein Blitz ausgebessert sein wird. Denn gerade die zwei besten Zacken daran sind stumpf geworden und abgebrochen, als ich ihn neulich ein wenig zu hitzig gegen den Sophisten Anaxagoras[21] schleuderte, der seine Zuhörer bereden wollte, an der Existenz von Göttern sei gar nichts dran. Leider traf ich ihn nicht, weil Perikles die Hand über ihn hielt, und der Blitz fuhr daneben in das Anakeion,[22] wo er zündete und beinahe selbst am Burgfelsen zerschellt wäre. Doch wird es gewiss eine hinreichende Strafe für die Schurken sein, wenn sie den Timon wieder so steinreich sehen werden.

---

18 Anspielung auf den Philosophen Anaxagoras.

19 Gott des Reichtums.

20 Gott des Schatzes.

21 Anaxagoras von Klazomenai, geb. um 500 v.Chr., Schüler des Philosophen Anaximenes, führte alles Existierende auf eine Urintelligenz als Ursprung zurück und dachte von den traditionellen Göttern nicht gut. Er ließ sich in Athen nieder und wurde ein Freund des berühmten Staatsmannes Perikles. Einen Strafprozess wegen Gotteslästerung, in welchem ihm die Todesstrafe drohte, überstand er nur durch Perikles' Beistand, welcher ihn rechtzeitig aus der Stadt brachte.

22 Tempel der Dioskuren, der Zwillingssöhne des Zeus aus einem Ei: Kastor und Polydeukes.

Hermes (11) [für sich, indem er den Plutos holt]. Wie gut war es doch, dass er echt laut geschrien hat und so grob und unverschämt gewesen ist! Nicht beim Prozessieren allein, sondern auch beim Beten ist das nützlich. Siehe da, jetzt wird der blutarme Timon auf einmal wieder ein reicher Mann, bloß weil er durch sein Geschrei und seine Freimütigkeit, mit welcher er betete, die Aufmerksamkeit des Zeus auf sich gezogen hat. Hätte er, über seine Hacke gebeugt, stillgeschwiegen, er dürfte wahrlich noch weiterhacken, ohne dass sich eine Seele um ihn bekümmert hätte.

Plutos. Ich mag mich nicht zu ihm begeben, o Zeus.

Zeus. Warum denn nicht, mein Bester? Du weißt doch, dass ich es so will.

Plutos. (12) Beim Zeus, hat er mich nicht misshandelt und ausgeleert, in Stücke gerissen, ungeachtet dessen, dass ich schon von seinem Vater her sein Freund gewesen war? Hat er mich nicht fast mit der Mistgabel aus dem Haus gestoßen oder wie einen brennenden Funken mit der Hand eiligst weggeschleudert? Soll ich aufs Neue zu den Schmarotzern und Schmeichlern wandern und mich an Hetären verschenken lassen? Zu rechten Leuten schicke mich, o Zeus, die dein Geschenk zu würdigen wissen, die sich meiner annehmen, denen ich wert und teuer bin. Solche dummen Gimpel aber sollen bei ihrer Peneia[23] bleiben, die sie uns ja doch vorziehen, und sich ein Ziegenfell und eine Hacke von ihr geben lassen. Mögen diese Tröpfe, welche Geschenke von zehn Talenten in ihrer Sorglosigkeit verschleudert haben, nun mit einem Verdienst von vier Obolen vorliebnehmen.[24]

---

23 Göttin der Armut.

24 Ein attisches Talent entsprach 36 kg Silber, 1 Obolos entsprach 1 g Silber, 10 Talente daher 360 kg Silber, 4 Obolen 4 g Silber. 1 kg Silber kostete im November 2010 ca. 750 €.

Zeus. (13) Nichts Derartiges wird Timon dir mehr antun. Die Hacke wird ihn schon gelehrt haben, dir den Vorzug vor Peneia zu geben, er müsste denn keine Empfindung in seinen Lenden haben. Du kommst mir allerdings vor wie ein Mensch, dem man es nicht recht machen kann. Jetzt beschwerst du sich über Timon, dass er dir die Tür öffnete und dich frei herumgehen ließ, ohne dich eifersüchtig zu bewachen, ein anderes Mal schimpfst du auf die Reichen, sagst, sie sperren dich hinter Riegel, Schlösser und Siegel, sodass du keinen Augenblick ans Tageslicht hervorkriechen könntest. Hast du nicht öfter bei mir geklagt, du müsstest ersticken in der dumpfen Finsternis? Du sahst blass und sorgenvoll aus, hattest vom unaufhörlichen Geldzählen krumme Finger und drohtest, bei der ersten Gelegenheit davonzulaufen. Kurz, es war dir eine unerträgliche Lage, in einem eisernen oder ehernen Zimmer wie Danaë,[25] unberührt eingeschlossen zu sein und von zwei scharfen und schlimmen Pädagogen, dem Wucher und dem Einmaleins, in Zucht gehalten zu werden.

(14) Du erklärtest alle diejenigen für Narren, die rasend in dich verliebt wären und sich doch nicht trauten, sich deinem Genuss ohne Scheu zu überlassen (obwohl sie es könnten und deiner vollkommen Herr wären), sondern dich lieber mit steif und fest auf Schloss und Riegel gerichteten Blicken bewachen, indem sie sich mit dem Genuss zufriedengaben, nicht nur zu wissen, dass sie dich genießen könnten, wenn sie wollten, sondern vor allem dass sie diesen Genuss jedem verwehren, wie der Hund in der

25 Tochter des Königs Akrisios, die gemäß einem Orakelspruch ein Kind zur Welt bringen würde, welches einst seinen Großvater töten würde. Deshalb vom König in einen Turm gesperrt, wird sie von Zeus in Gestalt eines Goldregens besucht und bekommt den Sohn Perseus. Das Orakel erfüllt sich später natürlich.

Krippe, der weder selbst den Hafer frisst, noch das hungrige Pferd dies tun lässt. Auch lachtest du über die wachsamen Knauser, die, während sie – merkwürdig genug – neidisch gegen sich selbst wären, es doch nicht gewahr würden, wie ein Schurke von Sklaven, ein Hausmeister oder ein Kinderwärter sich heimlich in die Vorratskammer schleicht und sich's dort auf Kosten des armen Teufels von Hausherrn wohl sein lässt, der inzwischen bei einer düsteren enghalsigen Lampe mit magerem Docht aufbleibt und seine Zinsen berechnet. Dies alles legst du sonst den Reichen zur Last. Ist es nun nicht ungerecht, dem Timon das Gegenteil zum Vorwurf zu machen?

Plutos. (15) Und doch wirst du bei genauer Prüfung finden, dass ich zu beidem meine guten Gründe habe. Mit Recht nehme ich an, dass Timon mich deswegen so leichtsinnig vergeudete, weil er gleichgültig gegen mich und ohne alle Zuneigung war. Diejenigen aber, die mich in ein finsteres Gemach verschließen und bewachen, damit ich dicker, fetter und schwerer werden möge, und mich weder anrühren noch jemals an das Tageslicht kommen lassen, damit ich von keinem Menschen gesehen werde, halte ich für Toren und klage sie der Misshandlung an, weil sie mich unschuldig unter so schweren Fesseln verfaulen lassen, ohne zu bedenken, dass sie in Kürze von dannen ziehen müssen, um mich einem anderen Glücklichen zu überlassen.

(16) Ich lobe mir also ebenso wenig diese Letzteren als jene, die gar zu schnell mit mir fertig werden, sondern die, was ja überall das Beste ist, die auch hierin Maß halten und mich weder wegwerfen noch mich unberührt lassen. Beim Zeus, bedenke selbst, Göttervater, wenn einer ein junges und schönes Mädchen förmlich zur Frau nähme und wäre dann, statt sie zu Hause zu behalten, so wenig

eifersüchtig, dass er sie Tag und Nacht herumschwärmen und mit jedem Beliebigen sich abgeben ließe oder sie wohl gar noch selbst anderen Freiern zuführen würde, fremde Türen öffnete oder den Kuppler im eigenen Hause machte – würde wohl dieser Mann für ihren Liebhaber gelten können? Dies würdest jedenfalls du, Zeus, nicht zugeben, da du ja die Liebe aus so vielfältiger eigener Erfahrung kennst.

(17) Auf der anderen Seite denke dir einen Mann, der eine frei geborene, blühende und schöne junge Frau zwecks der Zeugung rechtmäßiger Nachkommenschaft als Gattin in sein Haus führte, dieselbe aber ebenso wenig selbst berührte wie anderen auch nur ihren Anblick gestattete, sondern sie zu ewiger unfruchtbarer Jungfernschaft verurteilte und einsperrte, während er sich doch für ihren Liebhaber erklärte und das Gepräge desselben in seiner fahlen Hautfarbe, seiner Magerkeit und seinen blassen und eingefallenen Augen trüge – würdest du ihn nicht für verrückt halten, da er, statt Kinder zu zeugen und die Freude der Ehe zu genießen, das wohlgestaltete liebliche Mädchen wie eine Priesterin der Demeter[26] lebenslänglich zu Hause hält und verwelken lässt? Dasselbe ist's, was mich auf die Menschen so böse macht, die mich entweder schmählich mit Füßen treten und zerfleischen und erschöpfen oder mich wie einen Sklaven behandeln, den man mit Fußeisen und Brandmalen am Abhauen hindert.

Zeus. (18) Ereifere dich doch nicht so sehr, sie büßen ja beide gehörig. Die einen schnappen mit dürrer Zunge ohne jede Erquickung, wie Tantalos,[27] nur nach dem Gold,

26 Göttin des Landbaus; ihr dienten Priester und Priesterinnen.

27 Sohn des Zeus, der die Götter zu einem Mahl einlud und ihnen seinen getöteten Sohn Pelops zum Essen vorsetzte. Zur Strafe musste er im Unterweltsfluss Eridanos bis zum Hals im Wasser

während gierige Harpyien[28] den anderen, wie einst dem Phineus,[29] die Nahrung aus dem Maule stehlen. Doch jetzt geh endlich und sei gewiss, in Timon nunmehr einen weit vernünftigeren Mann zu finden.

Plutos. Wie? Der sollte jemals aufhören, mich absichtlich mit einem durchlöcherten Korb zu schöpfen, aus Furcht, überschwemmt zu werden, wenn ich ihm in aller Fülle zuströmte? Gewiss, es wird nicht anders sein, als ob ich Wasser in das Fass der Danaïden gießen wollte.[30] Ich werde vergeblich zugießen, denn weil das Loch zu groß ist, wird alles geschwinder wieder ausgelaufen sein als ich nachgießen kann.

Zeus. (19) Nun, wenn er dies Loch nicht zumachen will und dich abermals auslaufen lässt, so wird er wenigstens seinen Ziegenpelz und seine Hacke auf dem Boden wiederfinden. Aber seht nun zu, dass ihr fortkommt und ihn

---

stehen; wenn er sich aber durstig nach diesem bückte, wich es zurück, ebenso wie die Äpfel, die an einem Zweig vor seinem Mund hingen, wenn er nach ihnen schnappte, zurückwichen.

28 Auch »Hunde des Zeus« genannt, junge Frauen mit schönen Gesichtern aber schrecklichen Klauen an den Enden der Arme, die in der Unterwelt oder in Thrakien wohnten. Sie wurden von Boreas getötet.

29 Sohn Poseidons oder Agenors, der entweder für die Vorhersage der Zukunft gegenüber den Menschen oder weil er die Söhne Phrixos' aus Kolchis nach Griechenland geführt hatte oder weil er den Söhnen des Boreas hatte die Augen ausstechen lassen, seines Augenlichts beraubt und von den Harpyien geplagt, die ihm beständig seine Speise raubten und, was sie nicht nahmen, so mit Unrat beschmutzten, dass es ungenießbar wurde.

30 Die fünfzig Töchter des Danaos, auch nach ihrem Großvater Beliden genannt. Nachdem drei von ihnen bereits gestorben waren, enthaupteten 46 in der Hochzeitsnacht auf Befehl des Vaters wegen eines alten Streites ihre Ehemänner, außer Hypermnestra, die ihren Bräutigam Lynkeus am Leben ließ. Dafür wurden sie dazu verdammt, unaufhörlich Wasser in einem löchrigen Fass aufzunehmen und wegzutragen.

reich macht. Und du Hermes, vergiss mir nicht, auf dem Rückweg die Kyklopen vom Ätna[31] mitzubringen, damit sie mir meinen Donnerkeil wieder ausbessern und spitzen. Denn er muss scharf sein, wenn ich ihn demnächst brauchen werde.

Hermes. (20) So wollen wir denn gehen, Plutos – aber was ist das: du hinkst ja? Seit wann bist du denn zu deiner Blindheit such noch lahm geworden?

Plutos. Ich bin es auch nicht immer, Hermes, sondern nur, wenn mich Zeus irgendwo hinschickt, da bin ich, ohne zu wissen, woher es kommt, so langsam und an beiden Beinen so lahm, dass ich oft kaum das Ziel erreiche, wenn der, der auf mich wartet, bereits ein lebenssatter Greis ist. Wenn ich mich aber entfernen soll, da solltest du sehen, wie ich fliegen kann: Kein Traumbild kann schneller verschwinden. Wäre ich dann ein Wettkämpfer, kaum könnte das Schrankenseil zu Boden fallen, so hätte ich, ohne dass mich manchmal die Zuschauer mit den Augen verfolgen könnten, schon die Bahn durchflogen und würde als Sieger ausgerufen.

Hermes. Da sagst du mir nicht die Wahrheit. Denn ich könnte dir viele nennen, die gestern noch keinen Obolos im Vermögen hatten, um sich einen Strick zu kaufen, und heute plötzlich reich sind, großtun und mit weißen Pferden fahren, während sie sonst keinen Esel im Stall hatten. Und wenn sie so in Purpur und mit Händen voller goldener Ringe herumspazieren, haben sie selbst Mühe, sich zu überzeugen, dass sie nicht bloß im Traum reich sind.

---

31 Söhne des Himmels und der Erde oder Neptuns, zwischen drei und sieben Riesen. Zeus, der sie einst aus der Unterwelt befreit hatte, erhielt dafür von ihnen seinen Donnerkeil geschenkt. Sie dienten Hephaistos als Knechte und hatten ihre Schmiedewerkstatt am Ätna. Dort waren sie für die göttlichen Waffen zuständig.

Plutos. (21) Das ist etwas ganz anderes, Hermes. Zu diesen bin ich nicht auf meinen Füßen gekommen, auch hat mich nicht Zeus, sondern Pluto zu ihnen geschickt, der ja auch ein großer Geber von Reichtum ist, wie schon sein Name anzeigt. Wenn ich nämlich von dem einen auf den anderen übergehen soll, so legt man mich in eine Schreibtafel, versiegelt mich sorgfältig und trägt mich feierlich zum Haus hinaus. Und während der Tote in einem finsteren Winkel des Hauses liegt, über den Knien mit einem alten Leintuch zugedeckt und den Katzen, die sich um ihn balgen, preisgegeben, warten die, welche sich Hoffnungen machen, im Gerichtshof mit aufgesperrten Mäulern auf mich, wie die zwitschernden Jungen der Schwalbe auf die Heimkehr der Mutter.

(22) Endlich wird das Siegel abgenommen, der Bindfaden zerschnitten, das Testament eröffnet und der Name meines neuen Herrn ausgerufen. Bald ist dieser auch ein Verwandter des vorherigen, bald aber auch ein Schmeichler oder ein Sklave, der eine so große Belohnung durch die Preisgabe seiner selbst verdient hat. Nun steckt mich der Erbe, wer er auch sei, samt dem Testament zu sich, läuft davon und heißt statt Pyrrhias (Rotkopf), Dromon (Läufer) oder Tibios (der aus Tibeion) hinfort Megakles (der Ruhmvolle), Megabyzos (der Großmächtige) oder Protarchos (Oberst), während die anderen, die ihre Mäuler vergebens aufgesperrt hatten, einander ansehen und recht aufrichtig trauern – dass ihnen der kostbare Seefisch, der ihnen so vielen Lockfraß verschlungen, aus dem Untersten des Netzes wieder entwischt ist.[32]

(23) Der neue Besitzer aber, dem ich so unerwartet in die Hände gefallen bin, ein roher, dickhäutiger Kerl,

32 Anklänge an Horaz, Satiren, 2,5.

dem bei dem Gedanken an das Fußeisen die Haut noch erschaudert und der, wenn einer im Vorübergehen mit der Peitsche knallt, die Ohren spitzt und der vor dem Mühlengewölbe[33] Respekt hat wie vor einem Tempel – der ist der unerträglichste Mensch für alle, die mit ihm zusammentreffen. Gegen Bürger ist er grob, und seine ehemaligen Mitsklaven peitscht er durch, nur um zu probieren, ob ihm dergleichen nun auch erlaubt sei. Dies dauert aber nur so lange, bis er an eine liederliche Dirne gerät oder von der Pferdesucht befallen wird oder sich den Schmeichlern preisgibt, die ihm schwören, er sei wahrhaftig schöner als Nireus,[34] edleren Blutes als Kekrops und Kodros,[35] gescheiter als Odysseus, reicher als 16 Kroisoi[36] zusammen. Dann lässt der elende Tropf in ganz kurzer Zeit sein Vermögen zerrinnen, während es einst einer Menge von falschen Eidschwüren, Betrügereien und Schurkenstreichen bedurft hatte, um es zusammenzubringen.

Hermes. (24) Es ist wahrhaftig beinahe so, wie du sagst. Wenn du aber auf deinen eigenen Füßen gehst, wie da? Kannst du da bei deiner Blindheit den Weg finden? Und woran erkennst du diejenigen, zu denen dich Zeus schickt, weil er sie für würdig hält, reich zu werden?

Plutos. Glaubst du denn wirklich, ich könne sie herausfinden? Wahrhaftig nicht! Sonst hätte ich nicht einen Aris-

---

33 Die Handmühle wurde in jener Zeit nur von den niedrigsten Sklaven oder von anderen zur Strafe bedient.

34 Nireus, ehemaliger Freier um Helena, Kämpfer vor Troja, nach dem Achilles der schönste Kämpfer, aber von mangelnder Tapferkeit. Homer, Ilias, 2,673 f.

35 Kekrops, Sohn der Erde oder aus sich selbst hervorgewachsen, Gründer Athens; Kodros, der Sage nach letzter König von Athen.

36 Kroisos, sagenhaft reicher König von Lydien, Gastgeber Solons nach Herodot, Geschichte, 1,30 ff.

teides[37] verlassen und mich zu einem Hipponikos[38] oder Kallias[39] gesellt und vielen anderen Athenern, die keinen Groschen wert sind.

Hermes. Allein, wie machst du es, wenn du ausgeschickt wirst?

Plutos. Nun, ich tappe hin und her, gehe auf und ab, bis ich zufällig auf jemanden stoße, und dieser – der erste Beste, der mir begegnet – nimmt mich mit sich nach Hause und opfert dir, Hermes, für den unverhofften Gewinn und zollt dir Dank.[40]

Hermes. (25) Also ist Zeus geprellt, wenn er meint, dass du nach seinem Willen alle diejenigen reich machst, die er dessen für würdig hält?

Plutos. Und mit vollem Recht, mein Bester: Denn er weiß ja, dass ich blind bin, und schickt mich doch aus, um eine schwer zu findende Sache zu suchen, die aus der Welt längst verschwunden ist und die ich auch mit

---

37 Athenischer Politiker, 540–468 v.Chr., aus vornehmer Familie stammend, nahm er 490 an der Schlacht bei Marathon teil. Er war ein Gegner des Themistokles, der ihn durch das Scherbengericht aus der Stadt verbannen ließ. Dabei soll er einem der Schrift unkundigen Bürger, der ihn nicht kannte, seinen eigenen Namen auf die Scherbe geschrieben haben, als dieser ihn darum bat. Auch beriet er sogar Themistokles vom Exil aus im Jahr 480. Er kommandierte bei der Schlacht von Plataiai und vermittelte im Streit der Athener mit Pausanias. Die meisten Bundesgenossen Athens gegen Persien hatte er gewonnen. Zuletzt legte er noch die gleichmäßigen Beiträge für den Delisch-Attischen Seebund fest. Er starb so arm, dass seine Beisetzung auf Staatskosten stattfinden musste, und erhielt den Beinamen »der Gerechte«.

38 Athenischer Stratege 427/26, galt zwar als sehr reich, wurde aber in den Komödien verspottet.

39 Sohn des Hipponikos, galt als reichster Mann seiner Zeit, führte eine athenische Gesandtschaft nach Susa, deren Verhandlungsergebnis die Athener enttäuschte. Deswegen soll ihm der Prozess gemacht worden sein.

40 Unverhoffter Vermögenszuwachs wurde Hermes zugeschrieben.

Lynkeus'[41] Augen nicht leicht ausfindig machen könnte, so unscheinbar und klein ist sie. Und da nun der Guten wenige sind und die Menge der Schlimmen aller Orten den Meister spielt, so falle ich bei meinem Herumirren leichter in die Netze der Letzteren.

Hermes. Wenn du sie aber verlässt, da fliehst du so leicht davon, ohne doch den Weg zu sehen: Wie kommt das?

Plutos. Alsdann werde ich scharfsichtig und leichtfüßig, aber nur für den Augenblick meiner Flucht.

Hermes. (26) Sage mir nun auch, wie es möglich ist, dass bei deiner Blindheit, bei deinem – ich muss es sagen – blassen Aussehen, deinem schwerfälligen Gang, so viele Leute in dich verliebt und aller Augen auf dich gerichtet sind? Wenn sie dich bekommen, dünken sie sich selig, wenn du ihnen entgehst, ist ihnen das Leben unerträglich. Kenne ich doch nicht wenige deiner unglücklichen Liebhaber, die sich, wie jener Dichter sagt,[42] von hohen Felsen in des Meeres unergründliche Tiefe stürzen, bloß weil sie glaubten, du hättest verächtlich über sie hinweggesehen, weil du sie überhaupt nicht gesehen hattest. Ich zweifle nicht, du wirst, wenn du dich selbst einigermaßen kennst, mit mir der Meinung sein, dass es Korybantenzorn[43] ist, nach einem solchen Geliebten zu schmachten.

Plutos. (27) Du glaubst also, dass sie mich sehen, wie ich wirklich bin, so blind und lahm und mit allen meinen übrigen Gebrechen?

---

41 Unzertrennlicher Bruder des Idas, konnte so scharf sehen, dass er bis ins Innere der Erde blicken konnte.

42 Theognis V. 175. Dort rät der Dichter, vor der Armut in jedem Fall davonzulaufen, selbst wenn es einen das Leben kosten könnte.

43 Kybelepriester, die sich bei Umzügen zu Ehren der Göttin in Raserei versetzten.

Hermes. Wie sollten sie nicht, sie müssten denn alle gleichfalls blind sein.

Plutos. Das nicht, mein Bester, sondern Torheit und Täuschung, die sich heutzutage der ganzen Welt bemächtigt haben, umnebeln sie. Zudem habe ich selbst, um nicht gar so hässlich zu sein, eine überaus reizende, von Gold und Edelsteinen schimmernde Maske aufgesetzt und zeige mich ihnen nur in einem glänzenden Anzug. In der Meinung also, die Schönheit meines natürlichen Gesichts zu sehen, verlieben sie sich in mich und verzweifeln, wenn sie meiner nicht habhaft werden können. Würde ich mich ihnen aber entkleidet zeigen, gewiss, sie würden ihre Verblendung und törichte Liebe zu einem so hässlichen und abstoßenden Gegenstand selbst strafbar finden.

Hermes. (28) Aber wie lassen sie sich denn auch dann noch betrügen, wenn sie wirklich reich geworden sind und sich jene Maske dann selbst umgetan haben? Und wenn man sie ihnen abziehen will – wie kommt's, dass sie lieber den Kopf als die Maske hergeben wollen? Man kann doch nicht annehmen, dass sie, wiewohl sie nun alles Inwendige sehen, auch jetzt noch nicht wissen, dass die ganze Schönheit eine aufgepinselte ist?

Plutos. Auch hierbei kommt mir manches zustatten, mein lieber Hermes.

Hermes. Und das wäre?

Plutos. Wenn einer, dem ich begegnete, die Tür öffnet, um mich bei sich aufzunehmen, so treten die Aufgeblasenheit, die Arroganz, der Unverstand, die Weichlichkeit, der Übermut, die Täuschung und tausend Wesen dieser Art ungesehen zugleich mit mir ein. Haben nun diese alle seinen Kopf eingenommen, so bewundert er, was nicht zu bewundern, und begehrt, was nicht zu begehren ist. Mich aber verehrt er als den Vater aller dieser Unholde, die wie meine Leibwache mit mir eingezogen sind und würde lieber alles andere als die Trennung von mir ertragen.

Hermes. (29) Allein, es ist so schwer, dich festzuhalten, Plutos, man kann dich nirgends fassen. Du bist so glatt und schlüpfrig, dass du einem wie ein Aal durch die Finger gleitest. Die Peneia hingegen ist zäh wie Vogelleim und hängt sich leicht an einen. Denn es sind ihr Tausende von Angelhäkchen am ganzen Leib herausgewachsen, womit sie diejenigen, die ihr zu nahe kommen, zugleich festhält und nicht so leicht wieder loslässt. Aber – über unser Geschwätz haben wir etwas sehr Wichtiges vergessen.

Plutos. Was denn?

Hermes. Wir haben den Thesauros nicht mitgenommen, den wir doch am nötigsten brauchen.

Plutos. (30) Sei deshalb ganz außer Sorge, ich lasse ihn jedes Mal unter der Erde, wenn ich zu euch heraufkomme, und gebe ihm den strickten Befehl, die Türe verschlossen zu halten und niemandem aufzumachen, wenn er mich nicht rufen hört.

Hermes. So wollen wir denn jetzt Attika betreten. Fasse mich am Mantel und folge mir. Bis wir auf Timons Einöde kommen.

Plutos. Schön, Hermes, dass du mich führst, denn wenn du mich im Stich ließest, wie leicht könnte ich beim Herumtappen einem Hyperbolos oder Kleon[44] in die Hände geraten! Aber was ist das für ein Schall, als ob Eisen auf Stein geschlagen würde.

---

44 Der wohlhabende Lampenfabrikant Hyperbolos war athenischer Demagoge in der Zeit des Peloponnesischen Krieges. Er wurde in der Komödie heftig verspottet. Kleon, sein Vorgänger als Leiter des Demos stand ebenfalls auf der Seite des Volkes gegen die Aristokraten, er wurde vor allem von Thukydides angegriffen.

Hermes. (31) Nun, wir sind bei Timon, der eben ein hartes und steiniges Fleckchen Land behackt. Siehe, da ist ja Peneia bei ihm, und die Arbeit und die Geduld und die Weisheit und die Entschlossenheit und alle Wesen, die unter dem Kommando des Hungers stehen und wahrlich viel ehrenwerter sind als deine Trabanten.

Plutos. Wäre es nicht das Beste, Hermes, wir machten uns gleich wieder davon? Denn was werden wir wohl bei einem Mann ausrichten, der von einer solchen Armee umgeben ist?

Hermes. Das wäre gegen den Willen Zeus'. Wir wollen uns denn also nicht abschrecken lassen.

Peneia. (32) Wohin führst du den Blinden, du Argosmörder?[45]

Hermes. Zeus schickt uns hierher zu Timon.

Peneia. Wie? Jetzt wird Plutos zu Timon geschickt, den ich von seinem Wohlleben so übel zugerichtet erhalten und der Arbeit und der Weisheit übergeben hatte, den ich so zu einem tüchtigen und achtenswerten Mann gemacht habe. So wenig glaubt ihr also, Peneia achten zu müssen, so ungerecht sie behandeln zu dürfen, dass ihr das einzige Kleinod, das sie besitzt, einen Mann, den sie für die Tugend gewonnen hat, ihr entreißen wollt, damit ihn Plutos wieder dem Übermut und der Aufgeblasenheit überliefere und, nachdem er, wie früher, einen Weichling von gemeiner Denkart und beschränktem Verstande aus ihm gemacht hätte, ihn mir am Ende als Lumpen anheimgäbe?

Hermes. Peneia, Zeus will es so haben.

Peneia. (33) So gehe ich denn, und ihr, du Arbeit (Ponos) und du, Weisheit (Sophia), und alle Übrigen folget mir.

45 Hermes hatte den vieläugigen Argos, der von Hera mit unverwüstlichen Kräften ausgestattet worden war und in ihrem Auftrag die Kuh Io bewachen sollte, im Auftrag des Zeus getötet.

Der da wird bald genug innewerden, welch eine nützliche Gehilfin und Lehrmeisterin alles Guten er an mir verloren hat. Solange er bei mir war, war er immer gesund an Seele und Leib, lebte wie ein Mann und lernte sich selbst achten, die Menge überflüssiger Dinge aber für das, was sie sind, nämlich für störend zu halten.

Hermes. Sie ziehen ab. Nun wollen wir auf ihn zugehen.

Timon. (34) Wer seid ihr? Was wollt ihr, verwünschte Kerle? Warum kommt ihr, einen fleißigen Tagelöhner bei seiner Arbeit zu stören? Wartet, es soll euch nicht gut bekommen, ihr Halunken, die ihr alle seid! Packt euch, oder ich werde euch mit Erdschollen und mit Steinen beschmeißen, dass …

Hermes. Um Himmels willen, Timon, wirf doch nicht! Wir sind ja keine Menschen. Ich bin Hermes, und dieser ist Plutos. Zeus hat dein Gebet erhört und uns hierher geschickt. Nimm also in Gutem deinen Segen in Empfang, und hör auf, dich mit dieser Arbeit zu plagen.

Timon. Geht zum Henker, und wenn ihr auch Götter seid, wie ihr sagt. Ich hasse nun einmal alles zusammen, Götter wie Menschen. Und diesem blinden Kerl da, sei er nun, wer er wolle, habe ich Lust, mit meiner Hacke den Schädel einzuschlagen.

Plutos. Lass uns doch nun gehen, Hermes, du siehst, der Mensch ist ja ganz rasend. Ich bekomme sonst gewiss noch einen Schlag ab.

Hermes. (35) Nicht so ungebärdig, Timon, und lass dieses ganze wilde und rohe Benehmen. Greif mit beiden Händen nach deinem Glück und lass dich wieder zum Reichsten und Ersten der Athener machen, um, für dich allein glücklich, alle jene Undankbaren über die Achsel ansehen zu können.

Timon. Ich will nichts von euch! Lasst mich in Ruhe! Meine Hacke macht mich reich genug. Im Übrigen bin ich überglücklich, wenn mir keine Seele zu nahe kommt.

Hermes. Warum denn so unleutselig, mein Freund? Bring ich diesen Bescheid, so hart und trotzig dem Donnerer?[46]

Jedoch, dass du ein Feind der Menschen bist, die dir so arg mitgespielt, finde ich natürlich. Aber die Götter darfst du nicht hassen, die so gütig für dich sorgen.

Timon. Nun, dir, Hermes, und dem Zeus bin ich für die Fürsorge recht dankbar. Aber diesen Plutos da werde ich nimmermehr zu mir nehmen.

Hermes. Warum nicht?

Timon. (36) Weil er mir früher unzähliges Böse zugefügt, den Schmarotzern mich preisgegeben, feindselige Ränke, Hass und Neid mir zugezogen und mit Wohlleben mich zugrunde gerichtet hat. Und am Ende hat der treulose Verräter mich eilends verlassen. Die edle Peneia aber hat mich mit männlicher Arbeit gestärkt, hat mich wahr und aufrichtig behandelt und mich im Schweiße meines Angesichts meinen Unterhalt finden lassen. Und da sie mein ganzes Lebensglück von mir selbst abhängig machte, hat sie mich jenes Pack verachten gelehrt und mir gezeigt, was der rechte Reichtum sei, den mir kein schleichender Schmeichler, kein drohender Sykophant,[47] nicht die aufgebrachte Volkswut, nicht der Antrag eines Demagogen oder die Nachstellungen eines Tyrannen entreißen können.

(37) Gestärkt von der Arbeit und emsig dieses Feld bebauend, werde ich nichts gewahr von all den Übeln, die

---

46 Homer, Ilias, 15,202.

47 Verleumder.

in der Stadt hausen, und verdanke dieser Hacke mein hinreichendes Brot. Gehe also dorthin, woher du gekommen bist, Hermes, und bringe den Plutos wieder dem Zeus. Ich wollte zufrieden sein, wenn ich alles, was Mensch heißt, groß und klein, an den Galgen bringen könnte.

Hermes. Nicht doch, nein Bester, dies möchten wohl nicht alle verdient haben. Lass nun einmal diesen Groll und dieses wilde Wesen und nimm den Plutos zu dir, denn »unverwerflich ja sind«[48] die Gaben des Zeus.

Plutos. Wirst du mir erlauben, Timon, dass ich mich gegenüber dir rechtfertige? Oder ist es dir zuwider, mich reden zu hören?

Timon. Rede, aber mach es kurz und bringe mir keine lange Einleitung, wie die Schufte von Volksrednern. Denn nur dem Hermes hier zu Gefallen will ich dich einen Augenblick anhören.

Plutos. (38) Eigentlich sollte ich mich recht ausführlich verteidigen dürfen, da du mir so vieles zur Last gelegt hast. Indessen wirst du schon selbst einsehen, dass ich dir kein Leid zugefügt habe, wenn du bedenkst, dass ich es war, der dir alles Angenehme verschaffte, Würde, Rang, Ehrenzeichen und was sonst noch zu einem genussreichen Leben gehört. Durch mich bist du der angesehene, der gefeierte Mann geworden, um dessen Gesellschaft sich alle bewarben. Haben aber deine Schmeichler dir übel mitgespielt, so bin ich ohne Schuld. Mir ist im Gegenteil von dir Unrecht geschehen, dass du mich so verächtlich den schlechtesten Menschen preisgegeben hast, welche dich lobten, berückten und in jeder Weise auf meinen Untergang hinarbeiteten. Am Ende hätte ich dich verraten, sagst du. Im Gegenteil aber habe ich dir vorzuwerfen,

48 Homer, Ilias, 3,65.

dass du auf alle Weise mich von dir triebest und mich endlich kopfüber aus dem Haus warfst. Dafür hat dir auch die hochverehrte Peneia deinen feinwolligen Mantel ausgezogen und diesen Ziegenpelz angelegt. Deswegen kann Hermes bezeugen, wie sehr ich den Zeus bat, mich nicht wieder zu einem Menschen zu schicken, der mir so feindselig begegnete.

Hermes. (39) Aber nun siehst du ja, Plutos, wie sehr er sich geändert hat. Mache dich also nur herzhaft an ihn. Du, Timon, grabe nur so fort, du aber, Plutos, mache, dass sich Thesauros ihm unter die Hacke legt. Er wird dir schon gehorchen, wenn du ihn rufst.

Timon. So muss ich dir also nachgeben, Hermes, und wieder reich werden. Denn was kann man machen, wenn man von den Göttern genötigt wird? Bedenke indessen, in welche Lage du einen alten Mann wirfst, der sich eben noch so glücklich fühlte und der nun, ohne etwas verbrochen zu haben, eine Masse Goldes annehmen soll, um einer Unzahl von Sorgen bei sich Raum zu geben.

Hermes. (40) Ertrage es, mein guter Timon, wenigstens mir zuliebe, so verdrießlich und unerträglich es dir auch sein mag, nur damit deine ehemaligen Schmarotzer vor Neid und Ärger bersten mögen. Ich fliege jetzt über den Ätna in den Himmel zurück.

Plutos. Der ist also fort. Ich höre wenigstens seinen Flügelschlag. Bleibe du einstweilen hier, Timon, ich will gehen und dir Thesauros herschicken. Oder grabe ihn vielmehr gerade selbst heraus. – Auf, goldener Thesauros, höre den Timon hier, füge dich ihm in die Hände, und lass dich heraufziehen! – Wohlan, Timon, schlage ein in den Boden, so tief du nur kannst. Ich verlasse euch nun.

Timon. (41) Nun denn, liebe Hacke, nimm dich zusammen und hole mir unverdrossen den Thesauros aus der Tiefe ans Tageslicht. Hilf, wundertätiger Zeus! Ihr guten Erdgeister und du, gewinnender Hermes, du! Woher diese Menge Goldes? Wache oder träume ich? O wenn ich erwachte und nur Kohlen fände! Doch nein, es ist Gold, geprägtes, glänzendes, gewichtiges Gold. Welch ein köstlicher Anblick!

O Gold, du schöne Augenlust der Sterblichen.[49]
Flammendem Feuer gleich
Leuchtest du in der Nacht[50]

– und bei Tag. So komm heraus, lieblichstes und reizendstes aller Dinge! Jetzt glaube ich gerne, dass auch Zeus einst zu Gold geworden ist.[51] Welches Mädchen wollte nicht gerne einem so wunderbaren Regen, wenn er durch das Dach herabrieselt, ihren Schoß öffnen? (42) O Midas,[52] o Kroisos, o all ihr Weihegeschenke zu Delphi, wie seid ihr doch so gar nichts gegen den Timon und seinen Reichtum! Der Perserkönig selbst kann sich nicht mit ihm messen. Dich, aber liebes Ziegenpelzchen, und dich, meine Hacke, werde ich, wie billig, dem Pan hier darbringen.[53] Diese ganze Einöde will ich nun selbst kaufen und mir über Thesauros ein Türmchen bauen, das gerade groß genug sein soll, um mich allein zu beherbergen. Und wenn ich einmal gestorben bin, so soll es, denke ich, auch meine Grabstätte sein.[54] Für mein ganzes übriges

49 Fragment aus dem Bellerophon des Euripides.
50 Pindar, Erste Olympische Ode, V. 2 f.
51 Nämlich als er Danaë im Turm besuchte.
52 König der Mygdonier in Phrygien, welcher als Dank für die Rettung des Silenen von Dionysios die Fähigkeit gewährt wurde, dass er alles, was er berührte, zu Gold nachte; aber bald merkte Midas, welchen Fluch er sich damit eingehandelt hatte und wusch die Fähigkeit im Fluss Patroklos ab, auf den sie dadurch überging.
53 Auf den Feldern standen hin und wieder Statuen des Hirtengottes.
54 Pausanias erwähnt im ersten Buch einen solchen Turm, der demnach auch zu Lukians Zeiten noch gestanden hat.

Leben aber gelte Folgendes als unverbrüchliches Gesetz: Jeden Menschen zu meiden, keinen zu kennen, alle zu verachten, die Worte Freundschaft, Gastrecht, Kameradschaft und Mitleid für leeres Geschwätz, das Erbarmen über einen Weinenden und die Hilfeleistung bei fremder Not für ein Verbrechen und für den Umsturz der guten Sitten zu halten. Einsam sei meine Lebensweise wie die der Wölfe, und keiner sei mein Freund als Timon.

(43) Jeder andere sei mir ein gefährlicher Feind und mich ihm zu nähern ein Freund, der Tag aber, da ich einen Menschen auch nur sehe, ein Unglückstag. Keine Botschaft sollen wir von ihnen annehmen dürfen, noch uns in irgendeinen Vertrag mit ihnen einlassen. Kurz, die Menschen sollen für uns ganz sein wie steinerne oder eherne Bildsäulen. Diese Wildnis aber sei die Grenze zwischen ihnen und uns. Stammes-, Zunft-, Gemeindegenossen und Vaterland seien uns hinfort frostige, leere Namen, die nur bei Schwachköpfen in Ehre stehen. Nur Timon allein soll reich sein und mit Verachtung aller Übrigen sich's wohl sein lassen, fern von allen Schmeicheleien und allen zudringlichen Lobrednern. Den Göttern opfere er allein und verschmause allein das Opfermahl. Als sein eigener Nachbar und Angrenzer entschlage er sich aller Berührung mit andern. Und wenn es zum Sterben kommt, so nehme er allein von sich Abschied und setze sich selbst die Totenkrone auf.

(44) Sein liebster Name sei ihm »der Menschenfeind«, und die Merkmale seines Charakters seien: Härte, Grobheit, Groll, finsteres und ungeselliges Wesen. Sieht Timon einen Menschen in der Gefahr, im Feuer umzukommen, und hört ihn flehen, die Flamme zu löschen, so hat er mit Pech und Öl zu löschen. Und wenn in der Regenzeit einer von einem angeschwollenen Strom fortgerissen die Arme ausstreckt und um des Himmels willen bittet, sie

zu fassen, so soll er ihm den Kopf hinabstoßen und das Auftauchen unmöglich machen. So könnte ihnen etwa Gleiches mit Gleichem vergolten werden. »Vorstehendes Gesetz hat in Antrag gebracht Timon; des Echekratides Sohn aus Kolyttos, und derselbe Timon hat es durch Abstimmung in seiner Volksversammlung bestätigen lassen.« – Gut. Dies gelte nun fortan als meine feste Vorschrift, worüber ich männlich wachen werde.

(45) Aber ich gäbe noch viel darum, wenn sie es alle wüssten, dass ich so reich geworden bin. Sie würden sich aufhängen vor Ärger. Doch was ist das? Wer kommt da herbeigerannt? Wahrlich, sie haben, wer weiß wie, Wind bekommen von meinem Gold und laufen nun mit Staub bedeckt und keuchend herbei. Was mache ich nun? Besteige ich diese Anhöhe, um sie mit Steinen zu vertreiben? Zwar kann ich von oben herab umso sicherer auf sie zielen, doch wird es besser sein, hier stehen zu bleiben und sie zu empfangen. Diesen ersten und letzten Bruch wollen wir in unser Gesetz machen und uns mit ihnen einlassen, um sie mit einer recht verächtlichen Behandlung desto empfindlicher zu kränken. Sieh da, wer ist denn der, der da allen voranläuft? Ach, Gnathonides,[55] der schmeichelnde Mitesser, der mir unlängst, als ich ihn um eine Unterstützung ansprach, wiewohl er sonst mit mir ganze Fässer – gespien hat. Schön dass er kommt, dem will ich's nun zu allererst einschenken.

Gnathonides. (46) Sag ich's nicht: Die Götter werden den braven Timon nicht vergessen! Guten Tag, schönster, liebster Timon. Wie steht's, altes Zechbrüderchen?

Timon. Auch guten Tag, Gnathonides, du gefräßiger alter Geier und Heillosester der Menschen.

55 Der Name enthält das Wort γνάθος – Backenhöhle.

Gnathonides. Du liebst immer noch das Scherzen. Allein – wo wird denn gespeist? Ich habe ein nagelneues Lied, ganz frisch gedichtete Dithyramben[56] mitgebracht.

Timon. Komm, du sollst mir eine rührende Elegie unter meiner Hacke singen. [Schlägt zu.]

Gnathonides. Was ist das, du schlägst mich, Timon? Ich rufe Zeugen. Herakles! O weh! Wehe! Ich verklage dich beim Areopag wegen schmerzhafter Körperverletzung!

Timon. Warte ein wenig, dann kannst du mich des Totschlags anklagen.

Gnathonides. Nein, nein. Aber meine Wunde musst du heilen, indem du sie mit ein bisschen Gold verbindest. Gold ist gar wirksam, das Blut zu stillen.

Timon. Bist du noch da?

Gnathonides. Ich gehe ja, ich gehe. Aber warte, du sollst es noch bereuen, dass du aus einem so anständigen Mann ein solcher Grobian geworden bist.

Timon. (47) Was kommt den dort für ein Glatzkopf? Ach, Philiades, der abgefeimteste von allen Schmarotzern! Dieser Bursche hat ein ganzes Landgut und zwei Talente zur Ausstattung seiner Tochter von mir bekommen, als er einmal, da ich gesungen hatte und alle anderen stille schwiegen, mein Singen ganz alleine lobte und schwor, ich sänge melodischer als ein sterbender Schwan. Und neulich, als ich krank und elend zu ihm kam und ihn um eine Unterstützung ansprach, hat er mir noch obendrein Streiche zugemessen.

Philiades. (48) O das unverschämte Volk! Jetzt kennt ihr den Timon wieder! Jetzt ist Gnathonides wieder der gute Freund und Zechbruder! Drum hat er auch sein Recht bekommen, der undankbare Schuft! Ich aber, Timons alter

---

56 Dithyramben wurden zu Ehren des Dionysos vorgetragen.

Kamerad und Jugendgenosse, bin gleichwohl schüchtern und möchte mich ihm um alles in der Welt nicht aufdrängen. – Sei gegrüßt, mein Herr und Gebieter. Hüte dich vor diesem verfluchten Rabengesindel aus Speichelleckern, denen es um nichts als um deinen Tisch zu tun ist. Man darf heute keinem Menschen mehr trauen. Es ist einer wie der andere ein undankbarer Schurke. Ich war eben im Begriff, dir ein Talent zu bringen, damit du die dringendsten Bedürfnisse befriedigen kannst, als ich auf dem Weg hierher hörte, du wärest wieder zu unermesslichem Reichtum gelangt. So wollte ich dir also wenigstens mit meinem guten Rat dienen, wiewohl ein gescheiter Mann wie du, der auch einem Nestor[57] zu sagen wüsste, was er zu tun und zu lassen hat, meines Rates kaum bedürfen wird.

Timon. Lass gut sein, Philiades. Tritt aber doch ein bisschen näher, damit ich dir mit meiner Hacke auch eine kleine Gefälligkeit erweisen kann. [Schlägt zu.]

Philiades. Zu Hilfe, Leute, zu Hilfe! Er hat mir den Schädel eingeschlagen, der Undankbare, weil ich ihm zu seinem Vorteil geraten habe.

Timon. (49) Siehe, da kommt ein Dritter, der Volksredner Demeas,[58] der sich für meinen Verwandten ausgibt. Er trägt den Entwurf eines Volksbeschlusses in den Händen. 16 Talente an einem Tag hat er einmal von mir bekommen und an die Stadt gezahlt; er war nämlich zu dieser Summe verurteilt und, weil er nicht bezahlen konnte, verhaftet worden. Da erbarmte ich mich seiner und löste ihn aus. Neulich aber traf ihn das Los, an den Erechtheidischen

57 Nestor, König von Pylos, der schon an der Argofahrt teilgenommen hatte, war der weise Ratgeber Agamemnons im Trojanischen Krieg. Sein Name wurde später zum Ehrentitel des jeweils Ältesten und Besten, vor allem in einer Wissenschaft oder Kunst.

58 Der Name bedeutet »Mann des Volkes« bzw. »Dörfler«.

Stamm das Theatergeld auszuteilen.[59] Ich kam und bat mir meinen Anteil aus. Da gab er mir die Antwort, er wisse nichts davon, dass ich ein Bürger sei!

Demeas. (50) Heil dir, Timon, Krone unseres Stammes, Stütze der Athener, Vormann von Hellas! Längst warten deiner das versammelte Volk und die beiden Räte.[60] Zuvor aber vernimm den Entwurf des Dekrets, den ich zu deinen Gunsten aufgesetzt habe:

»In Anbetracht dessen, dass Timon, der Sohn des Echekratides aus Kolyttos, ein rechtschaffener und dabei kluger Mann wie kein anderer in Hellas, sich jederzeit um das Gemeinwesen wohlverdient gemacht hat und Siegespreise im Faust- und im Ringkampf erhalten hat, im Wettlauf, im Wagenrennen mit dem Viergespann und mit dem Zweigespann der Fohlen, alles in einem Tag zu Olympia, ...«

Timon. Aber ich bin ja noch nicht einmal als Zuschauer in Olympia gewesen.

Demeas. Macht nichts. Du wirst wohl später einmal dort zusehen, je mehr dergleichen hier drinsteht, desto besser.

»... ferner im vergangenen Jahr bei Acharnai[61] sich für die Stadt sehr tapfer gewehrt und zwei Bataillone Peloponnesier zusammengehauen ...«

Timon. (51) Wie? Ich bin ja, weil ich keine Waffen hatte, nicht einmal auf die Kriegsliste gekommen.

Demeas. Du sprichst gar zu gering von dir. Wir hingegen wären undankbar, wenn wir deiner Taten nicht gedächten.

---

59 Therikon. Eine Unterstützungsgabe von zwei bis drei Obolen aus der Staatskasse für arme Bürger Athens zur Erlangung eines Sitzplatzes im Theater.

60 Der Rat der Fünfhundert und der Areopag.

61 Anspielung auf die Schlacht von Acharnai im Sommer 431 v.Chr., in der die Spartaner diesen Teil Attikas verwüsteten.

»... desgleichen durch Gesetzesvorschläge, Gutachten und seine Amtsführung als Stratege der Polis ungemeine Dienste geleistet hat – in Erwägung all dessen beschließen der Rat und das Volk und die Volksversammlung, nach Phylen und Demen in Einzel- wie Gesamtabstimmung, dem Timon eine goldene Bildsäule neben der Athene auf der Burg setzen zu lassen, mit Strahlen ums Haupt[62] und einem Donnerkeil in der rechten Hand, ferner ihn mit sieben goldenen Kränzen zu beschenken und diese Ehrenbezeigung heute an den Dionysien,[63] welche Timon zu Ehren eben heute gefeiert werden sollen, im Theater bei der Aufführung neuer Tragödien öffentlich ausrufen zu lassen. Vorstehendes Dekret hat in Antrag gebracht Demeas, der Volksredner, Timons nächster Verwandter und Schüler. Denn auch ein trefflicher Redner ist Timon, und überhaupt alles, was er nur will.«

(52) Das wäre nun also mein Vorschlag. Auch wollte ich dir meinen Sohn vorstellen, den ich nach deinem Namen Timon genannt habe.

Timon. Wie das, Demeas? Du bist ja meines Wissens gar nicht verheiratet.

Demeas. Ich werde aber, so Gott will, übers Jahr heiraten, und weil das erste Kind, das ich zeugen werde, unfehlbar ein Knabe sein wird, so nenne ich ihn jetzt schon Timon.

Timon. Ob aus der Hochzeit etwas werden wird, wenn du – einen solchen Streich aufsitzen hast?

Demeas. Au! Wehe! Was soll das? Timon stürzt den Staat um! Timon schlägt freie Bürger und ist doch selbst weder

62 Die Strahlen waren das Attribut des Gottes Helios, auch von Kaiser Nero gab es eine solche Statue.

63 Das Dionysosfest war der Anlass der Theateraufführungen in Athen. Ein außerordentliches Dionysosfest zu Ehren Timons wäre eine so unvorstellbar hohe Ehre gewesen, dass es schon lächerlich war.

Bürger noch frei geboren! Alsbald wirst du es zu büßen haben, vor allem, dass du Feuer in der Burg gelegt hast.

Timon: (53) Hat denn die Burg gebrannt? Du schändlicher Sykophant?

Demeas: Aber in die Schatzkammer bist du eingebrochen, daher dein Reichtum.

Timon: Sie ist ja nicht aufgebrochen worden. Also wird auch dies kein Mensch dir glauben.

Demeas. Sie wird aber aufgebrochen werden. Genug. Du hast sie jetzt schon ausgeleert.

Timon. Da hast du noch eine.

Demeas. Au! Mein Rücken!

Timon. Schrei mir nicht, oder du kriegst noch eine dritte. Das müsste sonderbar zugegangen sein, wenn ich unbewaffnet zwei Bataillone Spartaner hätte niedergehen lassen und könnte so ein einzelnes hundsföttisches Männlein nicht kleinkriegen. Wofür hätte ich denn in Olympia gesiegt, im Faust- und Ringkampf?

(54) Aber was sehe ich? Kommt hier nicht Thrasykles, der Philosoph? Wahrhaftig er ist's. Wie der Mensch mit vorgestrecktem Bart, mit hochgezogenen Augenbrauen und in stolzer Selbstgefälligkeit mit sich selbst spricht, wie er so finster um sich blickt, wie seine Haare auf der Stirn zu Berge stehen – ein leibhaftiger Boreas oder Triton,[64] wie sie Zeuxis[65] malte! Dieser Mann mit dem einfachen Äußeren, dem gravitätischen Gang und dem bescheidenen Anzug deklamiert des Morgens Wunder wie viel von Tugend, schimpft auf die, welche ihre Freude am Wohlleben haben, und zeigt, wie schön es ist, sich mit Wenigem zu

---

64 Ein Windgott und ein Meeresgott.

65 Maler aus Herakleia in Lukanien, 5. Jh. v.Chr., der am Ende seines Lebens seine Werke nicht mehr verkaufte, sondern verschenkte, da kein Preis hoch genug gewesen wäre.

begnügen. Derselbe aber, wenn er nach dem Bad zu einem Gastmahl kommt, fordert alsbald einen großen Becher und trinkt drauflos. Je stärker der Wein, desto lieber. Bald ist es so, als ob er aus dem Strom der Lethe getrunken hätte. Seine Aufführung widerstreitet gar so sehr seinen des Morgens geäußerten Vorträgen. Wie ein Habicht fällt er über die Speisen her, stößt den Nachbarn mit dem Ellenbogen weg, hat den Bart mit Brühe besudelt und schlingt alles hinunter wie ein hungriger Hund, über den Teller gebückt, als ob er dort »das höchste Gut«[66] zu finden hoffe. Endlich schmiert er noch das Letzte recht sorgfältig mit dem Zeigefinger zusammen, um von der pikanten Brühe auch keinen Tropfen zurückzulassen.

(55) Dazwischen klagt er beständig, dass er zu kurz gekommen sei, auch wenn er den ganzen Kuchen oder ein Ferkel allein bekommen hätte. Hierauf trinkt er. Nicht etwa nur, um zu Gesang und Tanz begeistert zu werden, sondern (was immer die Frucht solcher Unersättlichkeit ist) bis er grob schimpft und Händel anfängt. Mit dem Becher in der Hand schwatzt er unaufhörlich und obendrein von Selbstbeherrschung und Sittsamkeit, während ihm übel ist vom Übermaß und seine lallende Zunge Gelächter erregt. Eine Magenerleichterung macht diesen Auftritten ein Ende, und nun heben ihn einige auf und tragen ihn aus der Gesellschaft, während er die Flötenspielerin nicht fahren lassen will, die er mit beiden Händen gefasst hält. Allein, auch wenn er nüchtern ist, steht er den lügenhaftesten, frechsten und geldgierigsten Menschen in nichts nach. Von den Schmeichlern ist er einer der ersten, zum falschen Schwur jederzeit bereit, Heuchelei und Betrug

66 Das, was nach Meinung der Philosophen anzustreben ist, z.B. die Tugend, das gute Leben, Freiheit von Angst und Schmerz.

gehen vor ihm her, die Unverschämtheit ist seine Begleiterin. Kurz, es ist ein rares, in jeder Hinsicht unverbesserliches, vollkommenes Stück von einem Weisen. Aber er soll seinen Lohn kriegen, der Ehrenmann. – Ach, da kommt er. Nun, du hast lange auf dich warten lassen, Thrasykles!

Thrasykles. (56) Ich komme, mein Timon, aber nicht in der gleichen Absicht, wie diese gemeinen Menschen da, die aus Bewunderung deines großen Reichtums und in der Hoffnung, Gold und Silber und kostbare Gerichte von dir zu erhalten, zusammenströmen und zu diesem Zweck gegen einen so geraden und freigiebigen Mann, wie du einer bist, alle Schmeichlerkünste aufbieten. Du weißt, ein Stück Gerstenbrot nebst einer Zwiebel oder etwas Kresse ist meine ganze und liebste Mahlzeit, und wenn ich recht üppig leben will, streue ich ein paar Körnchen Salz darauf. Mein Trank kommt aus dem öffentlichen Brunnen. Dieser abgetragene grobe Wollmantel ist mir lieber als das schönste Purpurkleid, und das Gold hat in meinen Augen keinen größeren Wert als Kieselsteine. Ich komme nur um deinetwillen, um die vor dem vielfältigen und unheilbaren Schaden zu bewahren, in welchen schon viele durch das schlimmste und gefährlichste aller Dinge, nämlich den Reichtum geraten sind. Wenn du mir also folgen willst, so wirf am liebsten deinen ganzen Schatz ins Meer. Einem so edlen Mann, der die Schätze der Weisheit zu finden weiß, kann er ja doch nichts helfen. Jedoch nicht gar zu tief, mein Freund, nur bis etwa an die Hüften, nicht weit von der Brandung, geh ins Wasser und wirf ihn dann, nur von mir beobachtet, ins Meer.

(57) Sofern dir aber dies nicht gefällt, gibt es noch einen anderen und besseren Weg, dein Gold in aller Geschwindigkeit aus dem Haus zu schaffen, ohne dass du es nötig hast, auch nur einen Groschen behalten zu müs-

sen. Teile es unter die Bedürftige aus: Dem einen gibst du fünf Drachmen, dem anderen eine Mine, dem Dritten ein halbes Talent. Ein Philosoph verdient, das Doppelte und Dreifache zu bekommen. Ich aber (wohlgemerkt, ich bitte nicht für mich, sondern um es unter die Notleidenden meiner Freunde zu verteilen) bin zufrieden, wenn du mir hier meinen Schnappsack vollmachst. Zwar fasst er nicht mehr als zwei äginetische Medimnoi[67] – allein der Philosoph muss sich mit wenigem begnügen und darf über seinen Ranzen hinaus keine Wünsche hegen.

Timon. Ich lobe dich darum, Thrasykles. Bevor ich aber deinen Schnappsack fülle, will ich dir zuvor mit meiner Hacke eine kleine Zugabe von Löchern und Beulen auf den Schädel geben. [Schlägt zu.]

Thrasykles. O Demokratie! O Gesetze! In einer freien Stadt darf ein solcher Schurke uns mit Schlägen misshandeln?

Timon. Warum so böse, guter Thrasykles? Habe ich vielleicht nicht hart genug getroffen? Nun so will ich dir noch vier Schläge obendrein geben. [Er schlägt wieder zu. Thrasykles läuft davon.]

(58) Aber was soll das? Dort läuft ja ein ganzer Schwarm heran. Der berüchtigte Blepsias, Laches, Gniphon[68] – lauter Burschen, die ihre Bescherung holen wollen. Das Beste wird sein, auf diesen Felsenhügel zu steigen und, damit meine Hacke von ihren vorigen Anstrengungen ein wenig zur Ruhe komme, einen Haufen Steine zusammenzutragen und von ferne auf sie herunter hageln zu lassen.

Blepsias. So wirf doch nicht, Timon, wir gehen ja schon!

Timon. Ihr sollt mir wenigstens blutige Köpfe nach Hause bringen! [Wirft ihnen nach.]

---

67 Das entspricht etwa 120 l.

68 Die Namen bedeuten auf Deutsch: der Gucker, das Los, der Knicker.

Charon oder die Weltbeschauer

Inhalt: Der Unterweltsfährmann Charon nimmt sich einen Tag frei und kommt auf die Oberwelt. Zusammen mit dem Gott Hermes betrachtet er das Treiben der Menschen auf der Erde und erweist es aus der Sicht des Totenfährmanns als eitel und nichtig.

Gesprächsteilnehmer: Hermes, Charon (Kroisos, Solon als Belauschte)

Hermes. (1) Ach Charon,[69] bist du da? Was lachst du? Was trieb dich, deinen Nachen im Stich zu lassen und in die Oberwelt zu kommen? War es doch bis auf den heutigen Tag eher nicht deine Sache, dich hier oben herumzutreiben.

Charon. Ich habe Lust bekommen, Hermes, zu sehen, wie es in der Welt aussieht, was die Menschen hier treiben und was es für Dinge sind, deren Verlust alle beklagen, wenn sie zu uns kommen. Denn bis jetzt habe ich keinen Menschen übergefahren, der nicht Tränen vergossen hätte. Da machte ich's denn wie jener junge Thessalier[70] und erbat mir auf einen einzigen Tag Urlaub, verließ meinen Kahn und stieg ans Licht herauf. Und nun begegnest du mir wie

69 Charon war der alte Fährmann, der die Toten für einen Obolos über den Totenfluss Acheron übersetzte, wodurch sie ins Totenreich gelangten.

70 Protesilaos war ein Held des Trojanischen Krieges, der als Erster fiel. Seiner erst frisch vermählten Gattin Laodameia gewährten die Götter die Bitte, Protesilaos auf kurze Zeit, drei Stunden, in die Oberwelt zurückkehren zu lassen.

gerufen. Denn du bist hier allenthalben wohl bekannt und wirst also, wie ich hoffe, mich Fremdling herumführen und mir alles Sehenswürdige zeigen.

Hermes. Wenn ich nur Zeit hätte, mein lieber Charon! Aber ich bin eben auf dem Weg, dem oberen Zeus ein Geschäftchen, in menschlichen Angelegenheiten, auszurichten. Zeus ist hitzig, und da fürchte ich, wenn ich mich verspäte, er möchte mich vollends ganz zu dem Eurigen machen und mich in die Finsternis verbannen oder, wie er es neulich gerade mit Hephaistos machte, mich an der Ferse fassen und mich über die heilige Himmelsschwelle schleudern,[71] damit ich der zweite lahme Mundschenk wäre, der sich auslachen lassen muss.

Charon. Du wirst doch deinen alten Freund, deinen Schiffskameraden, deinen Kollegen im Totenführeramt, nicht so aufs Geratewohl auf der Erde herumirren lassen? Es wäre doch nicht schön von dir, Sohn der Maia, wenn du vergessen hättest, dass ich dich noch nie Wasser schöpfen oder Rudern geheißen habe. Während ich alter Mann ganz allein mit den beiden Rudern zugleich arbeite, liegst du mit deinen breiten Schultern auf dem Verdeck ausgestreckt und schnarchst oder plauderst während der ganzen Überfahrt, wenn du irgendeinen Schwätzer unter den Schatten antriffst. Hörst Du, lieber kleiner Hermes, lass mich nicht im Stich, ich bitte dich um deines Vaters willen; führe mich überall herum in der Welt, damit ich wenigstens auch etwas gesehen habe, wenn ich wieder nach Hause komme. Denn wenn du von mir gehst, ist's mir, als ob ich völlig blind wäre. Gerade wie die Leute, wenn sie in unsere Finsternis kommen, unsicheren Tritts herumtappen, so geht es mir hier im Sonnenlicht: Es blen-

71 Homer, Ilias, 1,591.

det mich zu sehr. Tu mir also nur diesen Gefallen, lieber Kyllenier,[72] ich werde dir ewig dafür dankbar sein.

Hermes. (2) Diese Geschichte wird mir übel bekommen, ich sehe voraus, der Lohn dieses Herumführens wird in Ohrfeigen bestehen. Doch sei's drum! Wenn man von einem so guten Freund genötigt wird – was will man machen? Dass ich dir aber alles, Stück für Stück, zeige, ist ein Ding der Unmöglichkeit, lieber Fährmann. Dazu wäre ein Aufenthalt von vielen Jahren erforderlich, und inzwischen würde mich Zeus wie einen entlaufenen Sklaven durch öffentlichen Ausruf suchen lassen. Und du selbst wärst davon abgehalten, dein Leichenamt zu verwalten. Des Hades Reich käme zu Schaden, wenn du ihm für so lange Zeit keine Toten zuführtest, und wie ungehalten würde der Zolleinnehmer Aiakos[73] werden, wenn bei ihm kein Obolos mehr einginge? Wir wollen uns also darauf konzentrieren, wie du das Hauptsächlichste zu sehen bekommst, was es hier oben gibt.

Charon. Sieh selbst, wie das am besten zu machen ist. Ich bin fremd und weiß hier oben nicht Bescheid.

Hermes. Am wichtigsten ist: Wir brauchen einen hohen Standort, von welchem aus du alles überschauen kannst. Wenn du freilich den Himmel besteigen dürftest, so wären wir aller Mühe enthoben. Denn von da könntest du, wie von einer Warte, das Ganze genau betrachten. Allein, da du stets mit den Schatten der Toten verkehrst, ist es dir nicht erlaubt, Zeus' Himmelsburg zu betreten. Und so bleibt uns nichts übrig, als uns nach einem hohen Berg umzusehen.

---

72 Beiname des Hermes nach seinem Geburtsort.

73 Aiakos, Sohn des Zeus, der wegen seiner Gerechtigkeit als Richter auf der Insel Aigina nach seinem Tod neben Minos und Rhadamanthys Richter in der Unterwelt wurde.

Charon. (3) Du weißt, Hermes, was ich zu sagen pflege, wenn wir auf dem Wasser sind? Wenn da ein Windstoß schief in das Segel fährt und die Wellen hochgehen, so schreit ihr, die ihr doch von der Sache nichts versteht, der eine, ich solle das Segel ausziehen, der andere, ich soll es weiter auslassen, wieder ein anderer, man müsse vor dem Wind fahren. Da ermahne ich euch jedes Mal zur Ruhe, ich müsse ja wohl am besten wissen, was zu tun sei. So tu nun auch du, was du für das Beste hältst. Du bist jetzt mein Steuermann, und ich werde, wie es ein Passagier tun soll, still und bescheiden dasitzen und mich in allem deinen Anweisungen fügen.

Hermes. Vernünftig gesprochen, denn ich werde am besten wissen, was zu tun ist und bald einen bequemen Standort ausfindig gemacht haben. Lass einmal sehen, ob wir den Kaukasus dazu brauchen können – oder wäre der Parnass höher? Oder ist der Olymp höher als beide? Halt! Beim Olymp fällt mir etwas ein, was nicht uneben sein sollte. Aber du müsstest mir ein wenig zur Hand gehen.

Charon. Befiehl nur, ich will tun, was ich kann.

Hermes. Homer sagt, die beiden Söhne des Aloeus,[74] also auch nur zwei Personen, hätten einmal, wiewohl sie noch Knaben waren, den Ossa aus seinen Grundfesten reißen und ihn auf den Olymp und dann noch den Pelion[75] obendrauf setzen wollen, in der Meinung, dass dies eine hinreichende Treppe sei, um in den Himmel zu gelangen. Nun mussten freilich diese Jungen ihr Beginnen schwer büßen, denn ihre Absicht war frevelhaft. Wir beide aber, die wir nichts zum Nachteil der Götter im Sinn haben – warum sollten wir nicht auf dieselbe Weise etliche Berge aufein-

---

74 Aloeus, Sohn Poseidons und Vater von Otos und Ephialtes. Homer, Odyssee, 11,305 f.

75 Zwei hohe Gebirge in Thessalien.

ander wälzen und uns einen hohen Standort errichten, der uns eine vollständigere Aussicht gewährt?

Charon. (4) Aber werden wir beide auch imstande sein, den Ossa und den Pelion in die Höhe zu heben?

Hermes. Warum denn nicht? Meinst du denn, wir wären schwächer als die beiden Knäblein, da wir doch Götter sind?

Charon. Das wohl nicht, aber das Unternehmen wäre ein solches Stück Arbeit, dass ich die ganze Sache nicht glauben kann.

Hermes. Du bist freilich kein Gelehrter, Charon, und durchaus nicht von poetischem Schlag. Der Kraftmann Homer dagegen hat uns mit zwei einzigen Werken den Himmel ersteigbar gemacht: So leicht war es ihm, Berge auf Berge zu türmen. Ich verstehe nur nicht, wieso dir das so unbegreiflich vorkommt, da es dir doch gewiss bekannt ist, dass Atlas allein den ganzen Himmel samt allen Bewohnern des Olymp auf den Schultern trägt? Ohne Zweifel hast du auch gehört, wie sich mein Bruder Herakles einst unter diese Last gestellt hat, um Atlas für eine Weile abzulösen, um ihn sich erholen zu lassen?

Charon. Gehört habe ich es wohl, Hermes. Ob es aber wahr ist, werdet ihr, du und die Götter, wissen.

Hermes. Die lautere Wahrheit, guter Charon. Warum sollten uns denn so weise Männer Lügen berichten. Also, wohlan, lass uns denn den Ossa aus den Grundfesten heben, wie es uns der Gesang des großen Baumeisters Homer ausweist,

dann auf den Ossa
Pelions Waldgebirg.[76]

auftürmen. Siehst du, wie leicht und poetisch wir hier zurechtgekommen sind? Nun will ich hinaufsteigen und

---

76 Homer, Odyssee 11,315.

sehen, ob es hoch genug ist, oder ob wir noch etwas darauf bauen müssen.

(5) O weh! Wir sind noch weit unter dem Himmel! Gegen Morgen wird kaum Lydien und Ionien sichtbar. Auf der Abendseite sieht man nicht über Italien und Sizilien hinaus, gegen Mitternacht sehe ich bloß bis an die Donau und hier vor uns nur bis Kreta, und selbst das nicht ganz deutlich. Wir müssen auch noch den Oita[77] herbeischaffen, lieber Fährmann und auf die anderen Berge auch noch den Parnassos draufsetzen.

Charon. Machen wir es so. Nur sieh zu, dass unser Werk, wenn wir es über Gebühr in die Höhe treiben, nicht am Ende baufällig wird und wir nicht mit dem Ganzen zu Boden stürzen, wo alsdann unsere zerschellten Köpfe den Beweis liefern würden, wie Homer zu bauen versteht.

Hermes. Sei ohne Sorgen, es wird alles ganz gefahrlos ablaufen. Bring den Oita herüber, jetzt den Parnassos drauf! Siehst du, ich steige hinauf. Herrlich, ich sehe alles. Komm nur auch herauf.

Charon. Reiche mir die Hand, Hermes! Es ist ein ansehnliches Stückchen, das ich aufsteigen soll.

Hermes. Wenn du alles sehen willst, Charon, so darfst du dir nichts daraus machen. Man kann nicht zugleich neugierig sein und immer auf sicherem Boden stehen wollen. Halte mich nur fest an der Hand, und nimm dich in Acht, dass du nicht auf eine schlüpfrige Stelle gerätst. – Schön, nun bist du ja auch oben. – Weil der Parnass zwei Gipfel hat, so wollen wir je einen davon besetzen und uns darauf niederlassen. Schau nun rings um dich her und betrachte dir alles der Reihe nach.

---

77 Gebirge in Thessalien.

Charon. (6) Ich sehe viel Land und einen großen See um dasselbe her, auch Berge und Ströme, noch größer als Kokytos und Pyriphlegethon,[78] und winzige Menschen und Löcher oder Höhlen, in denen sie wohnen.

Hermes. Das sind Städte, was du für Höhlen hältst.

Charon. Weißt du auch, Hermes, dass wir nun genau nichts ausgerichtet haben, dass wir den Parnass und den kastalischen Brunnen[79] und den Oita und alle die anderen Berge vergebens von der Stelle geschafft haben?

Hermes. Warum?

Charon. Ich sehe von dieser Höhe nichts deutlich genug, ich sollte nicht bloß Städte und Berge wie in einem Gemälde vor Augen haben, sondern möchte die Menschen in ihrem Treiben selbst betrachten und hören, was sie reden. Wie zum Beispiel vorhin, als du mich antrafst, da ich eben lachte und du mich fragtest, warum ich lache, da hatte ich gerade etwas gehört, was mir überaus lustig vorkam.

Hermes. Und was war das?

Charon. Es war einer, der von einem seiner Freunde auf den folgenden Tag eingeladen wurde, mit ihm zu speisen. »Ich werde unfehlbar erscheinen«, war die Antwort. Kaum hatte er das gesagt, als – der Himmel weiß wie – ein Ziegel vom Dach fiel und ihn erschlug. Da musste ich lachen, dass der Mann sein Versprechen so schlecht erfüllte. – Ich werde mich also wohl weiter herunterbegeben müssen, um alles zu sehen und zu hören.

Hermes. (7) Bleib ruhig sitzen, auch für dieses Übel weiß ich ein Mittel. Homer hat eine Zauberformel, die auch in diesem Fall hilft. Mit dieser kann ich dir auf der Stelle schärfere Sehkraft geben. Stelle dir nur, wenn ich die Wor-

78 Zwei Unterweltsflüsse.
79 Quelle am Parnass.

te spreche, recht deutlich vor, deine Schwachsichtigkeit wäre verschwunden und du sähest alles völlig klar.

Charon. Sprich nur.

Hermes.

Auch entnahm ich den Augen die Finsternis, welche sie deckte,
dass du wohl erkennest den Gott und die sterblichen Menschen.[80]

Charon. Was ist das?

Hermes. Siehst du nun?

Charon. Unübertrefflich! Der berühmte Lynkeus war blind gegen mich. Erkläre mir nun sogleich alles, was ich sehe, und antworte mir auf meine Fragen. Erlaubst du mir aber, diese Fragen mit homerischen Worten zu tun, damit du dich überzeugen kannst, dass ich mit dem Dichter so unbekannt nicht bin?

Hermes. Wie wärst du denn zu dieser Bekanntschaft gekommen, als Mann, der nie seinen Nachen und nie seine Ruderbank verließ?

Charon. Siehst du, wie geringschätzig du von meinem Geschäft denkst? Als Homer gestorben war und ich ihn überführte, hörte ich ihn vieles deklamieren und singen, wovon mir noch manches im Gedächtnis geblieben ist. Wir wurden damals von einem nicht gerade mäßigen Sturm überfallen. Denn Homer hatte einen Gesang angestimmt, der für Flussschiffer nicht von der besten Vorbedeutung war: wie nämlich Neptun die Wolken zusammengetrieben und das Meer mit seinem Dreizack wie mit einer Kelle aufgewühlt und alle Sturmwinde in Bewegung gesetzt hatte, und dergleichen mehr. Wie er so das Wasser mit seinen Versen durcheinanderrührt, stürzt sich ein so gräss-

---

80 Homer, Ilias, 5,127 f.

licher aus einer finsteren Wetterwolke auf uns, dass unser Schifflein kurz vor dem Umstürzen war. Da wurde Homer seekrank und gab mehrere seiner Rhapsodien samt der Skylla, Charybdis und dem Kyklopen[81] von sich.

Hermes. Aus diesem reichen Erguss war es nun freilich nicht schwer, einiges zu behalten.

Charon. (8) Sage mir also:

Wer ist der Sterbliche dort, dickleibig, groß und gewaltig,
höher denn alles Volk an Haupt und mächtigen Schultern?[82]

Hermes. Das ist der Athlet Milo aus Kroton.[83] Eben klatschen ihm die Griechen Beifall zu, weil er einen Ochsen auf seinen Schultern mitten durch das Stadion trug.[84]

Charon. Aber wie viel größeren Beifall werde ich verdienen, Hermes! Denn ich werde dir nun demnächst diesen Milo selbst aufnehmen und in meine Fähre legen, wenn er überwältigt von dem unbezwinglichsten aller Gegner, dem Tod, bei uns erscheinen wird, ohne begreifen zu können, wie jener ihm ein Bein unterschlagen konnte. Das wird ein Jammer sein, wenn ihm dies Beifallklatschen und seine Siegerkränze einfallen werden. Jetzt freilich, solange er sich wegen seines Ochsentragens anstaunen lässt, bildet er sich gewaltig viel ein. Sollte man wirklich glauben, Hermes, diesem Mann könne der Gedanke kommen, dass er einmal sterben werde?

Hermes. Wie wäre es auch möglich, in dieser kräftigen Blüte an den Tod zu denken?

---

81 Vermutlich Zitate aus der Odyssee.

82 Homer, Ilias, 3,226 f., gemeint ist bei Homer Ajax.

83 Mehrfacher Sieger bei den verschiedenen panhellenischen Spielen.

84 Athenaios, Deipnosophistai, 10,2 ergänzt, das Milo diesen Ochsen noch am selben Tag allein verspeist habe.

Charon. Lass ihn! Er wird uns bald genug etwas zum Lachen geben, wenn er keine Mücke mehr, geschweige denn einen Ochsen, zu tragen imstande sein wird. Aber sage mir nun auch, wer der majestätische Mann dort ist. Seinem Gewande nach ist er kein Grieche.

Hermes. (9) Das ist Kyros, Vater des Kambyses, der die Herrschaft, welche die Meder so lange besessen, auf die Perser gebracht hat, erst kürzlich die Assyrer besiegt und Babylon erobert hat.[85] Und nun ist er, wie es scheint, im Begriff, nach Lydien zu ziehen, um unter Überwindung des Kroisos Herr von ganz Asien zu werden.

Charon. Kroisos? Wo ist er denn?

Hermes. Siehst du dort unten die große Festung mit der dreifachen Mauer? Das ist Sardes. Dort sitzt Kroisos, wie du siehst, auf einem goldenen Stuhl und spricht eben mit Solon aus Athen.[86] Wollen wir hören, was sie sprechen?

Charon. Recht gerne.

Kroisos. (10) Du hast nun meinen Reichtum gesehen, athenischer Fremdling, meine Schatzkammern, die ganze Menge ungeprägten Goldes, die ich besitze, und alle meine übrigen Kostbarkeiten – nun sage mir, welchen hältst du unter den Sterblichen für den Glücklichsten?

Charon. Was wird Solon darauf antworten?

Hermes. Sei ohne Sorgen. Gewiss nichts Gemeines.

Solon. O Kroisos! Die Glücklichen sind selten. Von denen, die ich kenne, scheinen es mir am meisten Kleobis und Biton geworden zu sein, die beiden Söhne der argivischen Priesterin.

Charon. Ach, er spricht von den beiden Jünglingen, die neulich zu gleicher Zeit starben, nachdem sie, vor den

---

85 Das aber in Wirklichkeit erst nach dem Sieg über Kroisos.

86 Die folgende Geschichte nach Herodot, Geschichte, 1,30–33.

Wagen ihrer Mutter gespannt, diesen bis vor den Tempel gezogen hatten.

Kroisos. Mögen denn diese die Ersten unter den Glücklichen sein. Wer wäre aber der Nächste nach ihnen?

Solon. Tellos, ein Bürger aus Athen. Dieser starb nach einem glücklichen Leben den Tod fürs Vaterland.

Kroisos. Wie? Und ich? Unverschämter! Ich gelte dir nicht glücklich?

Solon. Das weiß ich nicht, Kroisos, solange du das Ende deines Lebens nicht erreicht hast. Der Tod ist die sicherste Probe für diese Sache. Ob einer bis zu diesem letzten Moment glücklich geblieben ist – darauf kommt es an.

Charon. Brav, Solon, dass du auch uns nicht vergessen hast und die Entscheidung über jene Frage in meiner Fähre entschieden werden lässt.

(11) Was sind aber das für Leute, die Kroisos jetzt aussendet, und was tragen sie auf ihren Schultern?

Hermes. Goldene Ziegel sind's, die er dem delphischen Gott als Weihegeschenk für die Orakelsprüche sendet, die ihn nächstens zugrunde richten werden.[87] Denn auf Prophezeiungen hält dieser Mann über die Maßen viel.

Charon. Jenes blassgelbe, ins Rötliche spielende Ding also, dass so hell glänzt, ist Gold? Nun sehe ich doch einmal, wovon ich sonst so viel reden höre.

Hermes. Ja, Charon. Gold ist ein viel besungener Begriff. Alle Welt streitet sich um seinen Besitz.

Charon. Und gleichwohl sehe ich nicht, was es für einen besonderen Vorzug haben soll. Es müsste denn sein, dass es diejenigen, die es tragen, tüchtig beschwert.

Hermes. Du weißt also nicht, wie viele Kriege um seinetwillen geführt, hinterlistige Pläne geschmiedet, falsche

---

87 Herodot, Geschichte, 1,50.

Eide geschworen, Räubereien und Mordtaten verübt werden und wie viele Menschen durch seine Schuld Ketten tragen? Weißt du nicht, dass um dieses Metalls willen die Sterblichen Handel treiben, in entlegene Meere segeln und in Sklaverei geraten?

Charon. Wie, Hermes, um eines Metalls willen, das sich doch nur so wenig vom Kupfer unterscheidet? Denn das Letztere kenne ich gut, da ich, wie du weißt, einen Obolos als Fährlohn von jedem Überfahrenden erhalte.

Hermes. Weil es Kupfer in Menge gibt, bemühen sich die Leute nicht besonders darum. Aber dieses Metall gräbt man aus tiefen Schächten und nur in geringer Menge, freilich auch nur aus der Erde, wie das Blei und andere Metalle.

Charon. Welche große Torheit, in eine schwere Masse von hellgelber Farbe verliebt zu sein!

Hermes. Solon ist es allerdings nicht, wie du siehst. Er lacht über Kroisos und den dummen Stolz des Barbaren. Eben will er, wie mir scheint, eine Frage an ihn richten. Wollen wir hören.[88]

Solon. (12) Sag mir doch Kroisos, glaubst du denn, dass Apollo dieser Ziegel bedürfe?

Kroisos. Allerdings. Denn in ganz Delphi besitzt er kein Weihegeschenk von diesem Wert.

Solon. Du glaubst also, diesen Gott glücklich zu machen, wenn er unter anderen Kostbarkeiten auch goldene Ziegel besäße?

Kroisos. Wie sollte ich nicht?

Solon. Da setzt du eine bittere Armut im Himmel voraus, Kroisos, wenn du meinst, man müsse dort, wenn man Geld haben wollte, dieses aus Lydien holen lassen.

---

88 Dieses Gespräch ist nicht vor Lukian belegt.

Kroisos. Wo fände ich auch Gold in solcher Fülle, wie bei uns?

Solon. Sag einmal, gibt es auch Eisen in Lydien?

Kroisos. Nicht sehr viel.

Solon. So geht euch gerade das vornehmste Metall ab.

Kroisos. Wie, Eisen wäre edler als Gold?

Solon. Wenn du nicht böse werden willst über meine Frage, so sollst du dich gleich selbst davon überzeugen.

Kroisos. So frage nur.

Solon. Wer ist der Vornehmere, der Beschützer oder der Beschützte?

Kroisos. Der Beschützer, versteht sich.

Solon. Wenn nun Kyros, wie verlauten will, einen Angriff auf Lydien machen wird, wirst du deine Soldaten goldene Säbel machen lassen oder dich des Eisens bedienen müssen?

Kroisos. Das Letztere allerdings.

Solon. Wenn du dir also kein Eisen zu verschaffen wüsstest, so würde dein Gold als Beute zu den Persern wandern?

Kroisos. Dass wolle der Himmel verhüten!

Solon. Es sei ferne! Aber wirst du nun zugeben, dass Eisen das Bessere ist?

Kroisos. Wie? Du bist also der Meinung, ich solle dem delphischen Gott eiserne Ziegel zum Geschenk machen und meine goldenen wiederholen lassen?

Solon. Apollo bedarf des Eisens ebenso wenig. Du magst Gold oder ein anderes Metall nach Delphi stiften, so wird es nur für die Phokaier,[89] Boioter[90] oder Delphier selbst oder irgendeinen Despoten[91] oder Räuber eine willkom-

89 Sie beraubten den delphischen Tempel, der in ihrem Gebiet lag, drei Mal.

90 Sie waren die nächsten Nachbarn.

91 Kaiser Nero ließ einmal von Delphi fünfhundert schöne bronzene Bildsäulen abtransportieren und nach Rom bringen.

mene Beute sein. Der Gott wird sich wenig für die Arbeit deiner Goldschmiede interessieren.

Kroisos. Immer ziehst du doch gegen meine Schätze zu Felde, aus Neid, wie es mit vorkommt.

Hermes. (13) Hörst du, Charon? Die Freimütigkeit und Wahrheit in diesen Äußerungen ist dem Lydier unerträglich. Es dünkt ihn gar zu seltsam, dass ein armer Kerl sich vor ihm nicht duckt, sondern frei heraus sagt, was ihm auf die Zunge kommt. Aber er wird sich bald genug wieder Solons erinnern, wenn er als Kyros' Gefangener auf dessen Befehl auf den Scheiterhaufen gelegt wird. Ich habe Klotho[92] neulich im Buch des Schicksals lesen gehört, und da kam denn unter anderem auch vor, Kroisos werde von Kyros gefangen genommen, Kyros aber von einer massagetischen Frau umgebracht werden. Du siehst doch die Skythin auf dem weißen Pferd dort?

Charon. Recht gut sehe ich sie.

Hermes. Das ist Tomyris.[93] Diese wird Kyros den Kopf abhauen und in einen mit Blut gefüllten Schlauch werfen. Siehst du auch den Jüngling dort, Kyros' Sohn? Das ist Kambyses. Dieser wird dem Vater in der Regierung nachfolgen und nach tausend Unglücken in Libyen und Äthiopien sein Leben endlich im Wahnsinn aushauchen, weil er den Apis getötet hat.[94]

Charon. O diese närrischen Geschöpfe! Wer kann den Hochmut ansehen, mit dem sie heute auf alle herabschau-

---

92 Tochter von Zeus und Themis, die zusammen mit ihren beiden Schwestern Lachesis und Atropos die Schicksalsfäden der Menschen spann.

93 Königin der Massageten.

94 Kambyses war Sohn und Nachfolger des älteren Kyros. Er eroberte Ägypten und zerstörte als Reaktion auf einen Priesteraufstand die Tempel in Memphis. Er soll den heiligen Stier Apis erstochen haben.

en? Und wer sollte glauben, dass der eine in Kürze ein Gefangener sein werde, der andere seinen Kopf in einen Schlauch voll Blut stecken werde?

(14) Wer ist aber jener Mann, Hermes, in dem Purpurmantel mit der goldenen Spange, mit dem Diadem auf dem Kopf, dem sein Koch einen Ring überreicht, den er oben beim Aufschneiden eines Fisches gefunden?

Dort auf umfluteter Insel, ein König zu sein, rühmt er sich.[95]

Hermes. Schön homerisiert, lieber Charon. Der Mann, den du siehst, ist Polykrates, der Herr von Samos. Er hält sich für vollkommen glücklich. Allein, der Ärmste wird mit einem Mal von der Höhe seines Glücks herabstürzen. Sein Sklave, der dort neben ihm steht, Maiandrios, wird ihn verraten, und zwar dem Satrapen Oroites. Von diesem wird er dann ans Kreuz geschlagen werden. Auch dies habe ich von Klotho gehört.

Charon. Brav, vortreffliche Klotho, nur immer die Kerls gekreuzigt! Die Köpfe ihnen abgehauen! Sie sollen erfahren, dass sie Menschen sind! Bis dahin mögen sie immer höher stehen als andere. Ihr jäher Sturz wird dann umso erbärmlicher sein. Habe ich sie nur einmal in meinem Nachen – wie ich sie auslachen will! Ich werde jeden von ihnen wiedererkennen, so nackt und bloß sie auch erscheinen werden nach Zurücklassung ihrer Purpurmäntel, Diademe und goldenen Stühle.

Hermes. (15) Das wird das Schicksal dieser Großen sein. Sieh aber nun auch die übrige Menschenmenge, Freund Charon, hier diese Seefahrer, dort jene streitenden Kriegsheere, da Leute, die sich vor Gericht herumzanken, dort

95 Anklang an Homer, Odyssee, 1,50 und 181.

Arbeiter auf dem Feld, hier reiche Geldwechsler, dort Bettler.

Charon. Welch buntes verwirrtes Gewimmel! Diese Städte kommen mir vor wie Bienenstöcke, wo jeder seinen eigenen Stachel hat und seinen Nachbarn zu stechen sucht. Einige wenige gleichen den Wespen. Sie fallen über den Schwächeren her und plündern ihn aus. Ein Schwarm kaum sichtbarer Nebelgestalten umflattert kaum sichtbar diese Menge. Was sind das für Wesen, Hermes?

Hermes. Dies sind die Hoffnungen, Charon, die Besorgnisse, die Torheiten, die Lüste, die Habsucht, Zorn, Hass und andere Genien dieser Art. Die meisten von ihnen wie etwa die Torheit, der Hass, der Zorn, die Eifersucht, die Unwissenheit, die Ratlosigkeit und die Habgier haben sich unter den Menschen niedergelassen und leben in wahrer Staatsgemeinschaft mit ihnen. Die Furcht aber und die Hoffnungen schweben über ihren Häuptern. Sooft sich nun jene auf einen Sterblichen wirft, bringt sie ihn außer Fassung oder drückt ihn bisweilen ganz zu Boden. Die Hoffnungen hingegen flattern immer ganz nah über ihre Köpfe; sobald einer sie zu fassen glaubt – flugs sind sie davon, und der Mensch steht da mit offenem Mund wie Tantalos bei euch in der Unterwelt an der Quelle.

(16) Wenn du deine Sehkraft etwas anstrengen willst, so wirst du auch die Parzen über ihnen erblicken, wie sie jedem an seiner Spindel das zarte Gespinst zuspinnen, an welches sein Dasein geknüpft ist. Siehst du nicht, dass feine Fäden wie die einer Spinnwebe auf sie herunterlaufen?

Charon. Wohl sehe ich, dass unendlich feine Fäden in großer Menge hier den einen, dort den anderen umschlingen.

Hermes. Ganz richtig, Fährmann, wenn nun einer so angekettet ist, so deutet dies das Verhängnis an, dass einer von der Hand des anderen das Leben verlieren werde, oder dass der, dessen Faden länger ist, den anderen beerben werde. Du siehst aber, an was für dünnen Fädchen alle hängen. Da wird einer in die Höhe gezogen und ragt über alle anderen empor. Der Faden aber, der zu schwach für das Gewicht ist, reißt ab, und der Mensch stürzt mit umso größerem Getöse hinab, je höher er gehangen hatte. Ein anderer, der nur wenig über die Erde gehoben ist, fällt so geräuschlos, dass sein Fall von den Nachbarn kaum vernommen wird.

Charon. Donnerwetter, das sind ja Sachen!

Hermes. (17) Wahrhaftig, guter Charon, du würdest keine Worte finden, das Lächerliche der eitlen Bestrebungen zu schildern, in welchen die Menschen sich abmühen, während sie doch unser guter Freund Thanatos[96] oft mitten aus ihren Plänen und Wünschen davonführt. Indessen hat er, wie du siehst, der Diener und Boten genug, die ihm kalte und hitzige Fieber, Lungenentzündung, Schwindsucht, Gift, Schwert, Räuber, Richter und Tyrannen melden. An all das denken sie nicht, solange sie's gut haben und wohlauf sind. Sobald sich aber ein Unfall einstellt, so ist des Ach und Oh, des Heulens und Wehklagens kein Ende. Besännen sie sich gleich anfangs, dass sie sterblich sind und nach einem kurzen Besuch in diesem Leben wie Reisende wieder wie aus einem Traum unter Zurücklassung aller irdischen Dinge davonmüssen, so betrügen sie sich vernünftiger im Leben und stürben in größerer Ruhe. Nun aber, da sie meinen, wie sie es jetzt haben, würde es immer sein, sind sie untröstlich, wenn ein Todesbote zu ihnen tritt, um sie mit der Auszehrung oder einer Lungenkrankheit zu binden und von dannen zu führen. Das bewirkt – sie hätten es nicht gedacht – dass sie hinweggerafft

96 Tod.

werden könnten. Was würde jener arme Schelm, der sich jetzt mit Eifer sein neues Haus baut und die Arbeiter so emsig antreibt, machen, wenn man ihm sagte, dass er zwar die Fertigstellung desselben erleben würde, aber kaum dass er das Dach daraufgesetzt hätte, sterben und dessen Besitz seinen Erben hinterlassen müsse, ohne auch nur ein einziges Mal darin gespeist zu haben? Jener dort, der sich freut, dass ihm seine Frau einen Sohn geboren hat, der deswegen seinen Freunden ein Gastmahl gibt und den Knaben nach seinem eigenen Namen benennt – meist du wohl, er würde sich so über dessen Geburt freuen, wenn er wüsste, dass ihm das Kind nach sieben Jahren schon wieder sterben soll? Der Grund seiner Freude ist der, dass er nur auf jenen glücklichen Vater sieht, dessen Sohn als Ringer in Olympia den Preis davongetragen hat, dass er hingegen den Nachbarn, der eben sein Knäblein zu Grabe trägt, nicht bemerkt und nicht weiß, an welchem kurzen Fädchen sein eigenes Leben hängt. Und wie viele siehst du hier, die wegen der Grenzen ihres Landbesitzes im Streit liegen, oder solche, die Gold und Silber zusammenhäufen: Ehe sie anfangen, ihre Güter zu genießen, erscheinen die Boten des Todes und rufen sie ab.

Charon. (18) Ich sehe das alles und denke eben darüber nach, worin denn eigentlich das Angenehme, das dieses Leben für sich hat, bestehe, und was es denn sein könne, dessen Verlust sie so unglücklich macht. Betrachten wir ihre Könige, welche als die Glücklichsten unter ihnen gelten, so ist, abgesehen von dem Unbeständigen und Zweischneidigen des Glücks überhaupt, des Lästigen weit mehr als des Angenehmen ihnen zuteilgeworden. Denn Furcht, Hass und Zorn, Leidenschaften aller Art, geheime Nachstellungen, Schmeichelei und andere Übel befinden sich im steten Gefolge aller Fürsten. Ich übergehe hier den

Schmerz über Trauerfälle, übergehe so mancherlei Leiden des Körpers und der Seele, welche ihre Macht über sie so gut wie über andere Sterbliche ausüben. Ist aber das Los der Könige so traurig, so lässt sich leicht erschließen, wie wohl die Geringen dran sind.

(19) Ich will dir sagen, Hermes, womit ich das Menschenleben vergleiche. Du sahst wohl schon oft die Blasen, welche eine mit Macht hervorsprudelnde Quelle verursacht und aus deren Zusammenkommen der Schaum entsteht? Viele derselben sind nur klein und platzen und verschwinden in einem Augenblick. Einige aber dauern länger an, und indem sich mit ihnen mehrere andere vereinigen, blähen sie sich auf und schwellen zu bedeutender Höhe an. Allein – es kann nun einmal nicht anders sein – nach einiger Zeit platzen auch diese. Sieh hier das Bild des Menschenlebens: Alle werden mit Lebenshauch angeschwellt, die einen mehr, die anderen weniger. Bei vielen hält dieser Hauch einige, doch nur kurze Zeit an. Andere verschwinden sofort mit dem Entstehen, zerplatzen aber müssen sie alle.

Hermes. Dein Vergleich ist nicht minder gelungen als der Homers, der das Menschengeschlecht mit Bambusblättern vergleicht.[97]

Charon. (20) Ungeachtet dessen nun, dass es sich so mit ihnen verhält, sehen wir sie gleichwohl einander um den Besitz von Gewalt, Ehrenstellen und Reichtümern ringen und wetteifern, während sie doch all dies einst zurücklassen und sich mit einem einzigen Obolos bei uns einstellen müssen. Meinst du also nicht, ich sollte, da wir nun schon auf diesem Gipfel stehen, ihnen so laut ich kann, zurufen, sich eitler Bemühungen zu enthalten und im Leben stets

97 Homer, Ilias, 6,146–149.

den Tod vor Augen zu haben? Ich würde ihnen sagen: »O ihr Narren, was bemüht ihr euch um solcherlei Dinge? Hört auf, euch zu plagen! Ihr werdet nicht immer leben, und keines der hier viel geltenden Dinge ist von ewiger Dauer. Keiner von euch kann etwas davon im Tod mit sich nehmen. Jeder muss nackt und bloß davon, und sein Haus, sein Geld, seine Güter kommen von einem Herrn auf den anderen.« Wenn ich dieses und Ähnliches ihnen recht vernehmlich in die Ohren schreien würde, glaubst du nicht, die Menschheit hätte großen Nutzen davon und würde um vieles vernünftiger werden?

Hermes. (21) O ehrlicher Charon. Du weißt nicht, wie sehr ihnen ihr Unverstand und der Selbstbetrug die Ohren verstopft haben – man könnte sie mit keinem Bohrer öffnen. Ist es doch, als hätten sie ebenso viel Wachs darin wie einst Odysseus aus Furcht vor dem Sirenengesang seinen Gefährten einstopfte. Sie würden dich also nicht wahrnehmen, auch wenn du zum Bersten schreien würdest. Denn was bei euch ein Trunk aus der Lethe[98] vermag, das bewirkt bei ihnen der Unverstand. Doch es gibt einige wenige unter ihnen, die kein Wachs in den Ohren haben, und die, ihrer natürlichen Neigung zur Wahrheit folgend, die menschlichen Dinge scharf durchschauen und als das erkennen, was sie sind.

Charon. Nun, so will ich wenigstens meinen Zuruf an diese richten.

Hermes. Es wäre überflüssig, ihnen zu sagen, was sie schon wissen. Siehst du nicht, wie sie sich von der Menge absondern, wie sie das allgemeine Tun und Lassen verlachen, wie weit sie davon entfernt sind, Gefallen an diesen Dingen zu finden und offenbar nur darauf sinnen, sich aus der

98 Ein Fluss in der Unterwelt, der das Vergessen bewirkte.

Welt zu euch zu flüchten? Zumal da sie von den anderen nur gehasst sind, da sie den Leuten deren Torheiten unter die Augen reiben.

Charon. Herrliche Leute, nur schade, dass ihrer so wenige sind!

Hermes. Es muss auch an diesen wenigen genug sein. – Aber nun lass uns wieder herabsteigen.

Charon. (22) Nur eines möchte ich noch wissen, Hermes. Um mich vollständig mit der Oberwelt bekannt gemacht zu haben, zeige mir auch die Behältnisse, in denen sie ihre Leichen versenken.

Hermes. Sie nennen das Gräber, Grüfte, auch Leichenhügel. Siehst du vor den Toren der Städte jene Erdaufwürfe, Säulen und Pyramiden? Dies sind sämtlich Totenbehausungen und Leichenbehälter.

Charon. Und was wollen denn die Leute dort, die die Grabsteine salben und mit Blumenkränzen behängen? Auch sehe ich welche, die Holzstöße neben den Grabhügeln aufrichten und Gruben in die Erde machen. Darauf verbrennen sie ganze Mahlzeiten, und in die Gruben gießen sie, wenn ich recht unterscheiden kann, Wein und Honig.

Hermes. Ich weiß nicht, mein lieber Fährmann, was dies alles denen in der Unterwelt helfen soll. Die Leute haben nun einmal den Glauben, die Seelen der Abgeschiedenen kämen herauf, flatterten um das Totenopfer und genössen, soviel sie könnten, den Fettdampf der Speisen und tränken den Honigtrank aus den Gruben.

Charon. Das wäre etwas! Essen und trinken sollen die nackten Totenschädel? Doch es wäre lächerlich, dir zu sagen, wie albern diese Vorstellung ist, da du ja täglich Tote hinabführst und so gut weißt wie ich, ob es möglich ist, dass sie, nachdem sie einmal Unterirdische geworden sind, wieder heraufkommen. Es wäre doch lustig, Hermes, wenn du zu deinen übrigen vielen Geschäften nicht nur die Toten hinunter, sondern auch noch hinaufführen dürftest, um sie trinken zu lassen. O ihr dummen Leute, die ihr nicht wisst, wie himmelweit der Zustand der Toten und der Lebenden unterschieden ist, und wie es bei uns zugeht, und das Folgende:

Tot sind beide, der Grabesberaubte und der Begrabene.
Gleich wie Irus geehrt ist Völkerfürst Agamemnon,
und Thersites gleicht dem Sohn der lockigen Thetis.
Aber alle sind klägliche Leichengestalten,
ausgetrocknete Gerippe im Asphodelengefilde.[99]

Hermes. (23) Beim Herakles! Welche Menge homerischer Brocken! Aber, da du mich schon an Achill erinnerst, so will ich dir auch noch sein Grab zeigen. Siehst du es dort auf dem Meer, auf dem troischen Vorgebirge Sigéon? Gegenüber auf Rhoiteon liegt Ajax begraben.

Charon. Diese Grabhügel sind nicht gerade groß. Zeige mir aber nun auch noch die berühmten Städte, von welchen wir unten soviel reden hören, als da sind Ninive, die Residenz des Sardanapal,[100] Babylon, Mykene, Kleonai[101] und besonders Troja selbst. Denn noch erinnere ich mich gar zu wohl, wie ich einst von dort her so viele Passagiere bekam, dass ich während zehn ganzer Jahre mein Schifflein weder an Land ziehen noch auslüften konnte.

Hermes. Mein guter Fährmann, Ninive ist so gänzlich zugrunde gegangen, dass keine Spur mehr von ihm vor-

---

99 Parodien auf Homer Ilias 9,310; 20,368 und Odyssee 10,521; 11,538; die Asphodelen sind ein eher unansehnliches Kraut, das auch den Teil des Hades kennzeichnet, in dem sich die meisten Schatten aufhalten.

100 Legendärer assyrischer König, den u. a. Herodot erwähnt (2,150).

101 Stadt südwestlich von Korinth.

handen ist und du die Stelle nicht erkennen würdest, wo es einst stand. Babylon steht zwar noch da mit seinen gewaltigen Türmen und seiner Ringmauer, aber es wird nicht mehr lange dauern, so wird man auch seine Stätte suchen müssen. Mykene aber und Kleonai, und besonders Troja aber schäme ich mich, dir zu zeigen. Denn ich bin gewiss, du würdest bei deiner Rückkehr den guten Homer beim Schopf packen, dass er in seinen Gesängen soviel Aufhebens von ihnen gemacht hat. Vor langer Zeit waren sie zwar reich und blühend, aber nun sind sie gleichfalls nicht mehr. Ja, mein Charon, auch die Städte sterben wie die Menschen, und – was du mir nicht glauben wirst – ganze Ströme vergehen. Vom Inachos[102] in Argos ist auch nicht einmal mehr das Bett zu finden.

Charon. O weh! Homer, wie schlimm steht es da mit deinen hochklingenden Beinamen: »Ilion, heilige Stadt«, »Das weit durchwanderte Troja« und »das herrlich gebaute Kleonai«?

(24) Aber fast hätte ich über unserem Plaudern zu fragen vergessen, wer denn jene Krieger dort sind, die einander um die Wette totschlagen.

Hermes. Du siehst hier Argiver und Lakedaimonier und den schon halb toten Anführer der Letzteren, Othryades,[103] wie er noch mit seinem eigenen Blut die Namen seiner Mitbürger auf die Trophäen schreibt.

---

102 Wichtigster Fluss in Argos.

103 Othryades war der einzige spartanische Überlebende des Krieges zwischen Sparta und Argos um 550 v.Chr. Die Feinde hatten sich darauf verständigt, den Streit durch einen Kampf von 300 gegen 300 entscheiden zu lassen. Während die zwei argivischen Überlebenden nach Hause eilten und den Sieg meldeten, raubte er die Waffen der gefallenen Feinde und war als Letzter noch auf dem Feld. Er häufte alle Waffen auf und setzte darunter mit seinem Blut die Schrift: Siegesmal der Lakedaimonier. In einer zweiten

Charon. Weswegen fingen sie den Krieg denn an?

Hermes. Über den Besitz des Feldes, auf dem sie sich gerade schlagen.

Charon, O diese Toren! Sie wissen nicht, dass, wenn auch jeder Einzelne von ihnen die ganze Peloponnes besäße, er doch einst von Aiakos[104] kaum einen Fußbreit Raum erhalten wird. Jenes Feld aber wird doch immer wieder neue Besitzer und neue Bearbeiter erhalten, und mehr als einmal wird die Pflugschar die Denkmäler aus dieser Erde ausgraben.

Hermes. So aber wird es am Ende gehen. Wir aber wollen nun wieder hinabsteigen und, nachdem wir die Berge wieder an Ort und Stelle verbracht haben, unserer Wege gehen, ich um meinen Auftrag zu besorgen, du zu deiner Fähre. Demnächst werde ich dich wiedersehen und dir neue Tote zuführen.

Charon. Nun, mein bester Hermes, du hast dich sehr um mich verdient gemacht. Ich werde dir stets zu Dank verpflichtet sein, denn ohne dich hätte meine Reise wenig gebracht. [Im Weggehen zu sich selbst:] Was sich doch die armen Menschen alles zu schaffen machen, mit ihren Königen, goldenen Ziegeln, Festopfern und Schlachten – und von Charon ist nicht die Rede!

Schlacht, die die Entscheidung bringen sollte, siegten die Spartaner; Othryades tötete sich selbst aus Scham, da er aus der ersten Schlacht als einziger Überlebender heimgekehrt war.

104 Erster König von Aigina, Sohn des Zeus und der Aigina.

Die Überfahrt oder der Tyrann

Inhalt: Eine Lieferung Verstorbener kommt in der Unterwelt an und wird gezählt und auf den Nachen Charons eingeschifft. Nach der Überfahrt über den Unterweltsfluss kommen sie zum Richter Rhadamanthys und werden abgeurteilt. Auf diesem Weg zeigen sich die Eigenschaften, die sie schon zu Lebzeiten besaßen, ebenso wie die dafür zu erwartenden Strafen und Belohnungen.

Teilnehmer: Charon, Klotho, Hermes, Kyniskos, Megapenthes, Mikyllos, einige andere Tote, Tisiphone, Rhadamanthys, das Bett und die Lampe des Megapenthes als Zeugen.

Charon. (1) Genug hiervon, Klotho. Du siehst ja selbst, mein Fahrzeug ist längst bereit und zur Überfahrt aufs Beste vorbereitet: Das Wasser ist ausgeschöpft, der Mast aufgezogen, das Segel aufgespannt, die Ruder hängen in ihren Riemen. Meinerseits also steht nichts mehr im Weg, die Anker zu lichten und abzusegeln. – Aber Hermes bleibt so lange aus. Er sollte schon längst da sein. Mein Schiff ist, wie du siehst, noch immer leer, wo ich doch heute schon dreimal hätte ausfahren können, und nun kommt der Feierabend heran, ohne dass wir einen Obolos eingenommen haben. Da wird mich Hephaistos, wie ich schon im Voraus weiß, wieder der Saumseligkeit beschuldigen, wo doch ein anderer die Verzögerung verursacht hat. Unser vortrefflicher Seelenführer muss wieder einmal einen tüchtigen Zug aus der Lethe der

Oberwelt[105] getrunken haben, sodass er vergessen hat, zu uns zurückzukehren. Wahrscheinlich boxt er sich jetzt in irgendeiner Ringschule mit jungen Burschen herum oder er spielt Zither oder er hält rhetorische Vorträge und kramt seinen Schnickschnack aus. Oder halt – der Ehrenmann lauert vielleicht darauf, im Vorbeigehen etwas mitspazieren zu lassen. Denn das ist ja auch eine von seinen Fertigkeiten. In der Tat, er nimmt sich große Freiheiten gegen uns heraus, obwohl er zur Hälfte auch zu uns gehört.

Klotho. (2) Charon, wie kannst du denn wissen, ob ihn nicht etwas anderes abhält, ob nicht Zeus seine Dienste in oberweltlichen Angelegenheiten länger als sonst benötigt? Denn der ist ja ebenfalls sein Herr.

Charon. Aber nicht, um über einen gemeinsamen Diener länger zu verfügen. Wir haben ihn ja auch noch nie aufgehalten, wenn er gehen musste. Aber ich weiß sehr gut, was die Ursache ist. Bei uns gibt es nichts als Asphodelen, etliche Libationen[106] und Totenopfer mit ein paar mageren Kuchen. Alles Übrige ist Nebel und einförmige Finsternis. Im Himmel dagegen ist es hell und lustig. Da gibt es Ambrosia in Fülle und Nektar, soviel man wünschen mag.[107] Kein Wunder also, wenn er seinen Aufenthalt dort zu verlängern sucht und von uns davonflattert wie einer, der aus einem Kerker entkommt, um dann aber, wenn es Zeit ist, wieder herabzukommen, sich so bedächtig in Bewegung setzt, dass es ewig dauert, bis man ihn zu Gesicht bekommt.

Klotho. (3) Ereifere dich nicht länger, Charon, siehst du, da ist er ja schon, mit einer Menge von Toten, die er wie

---

105 Wein.

106 Trankspende für die Götter.

107 Speise der olympischen Götter, die die Unsterblichkeit enthält.

eine Ziegenherde mit dem Stab vor sich hertreibt. Aber was sehe ich? Einer von ihnen ist ja gebunden, ein anderer lacht aus vollem Hals, und ein Dritter hat einen Ranzen über den Schultern hängen, einen Kittel in der Faust, sieht grimmig drein und treibt die Übrigen zum Vorwärtsgehen an. Und siehst du, wie Hermes von Schweiß trieft, wie staubig er ist, wie er keucht? – Was hast du Hermes, warum ist dir so heiß? Du bist ja ganz außer dir!

Hermes. Was ich habe? Diesem verfluchten Ausreißer hier musste ich nachlaufen und hätte darüber beinahe versäumt, mich noch heute zur Überfahrt einzufinden.

Klotho. Wer ist er denn, und warum wollte er dir abhauen?

Hermes. Weil er lieber lebendig geblieben wäre, versteht sich. Er war ein König oder Fürst, soviel ich aus seinem Geheul und Wehklagen über das große Glück schließe, aus dem er gerissen worden sei.

Klotho. Wie – dieser Narr also wollte davonlaufen und meinte weiterleben zu können, obwohl der ihm zugesponnene Faden zu Ende ist?

Hermes. (4) Er wollte entlaufen, sagst du? Glaube mir: Hätte mir der wackere Geselle da mit dem Kittel nicht beigestanden, ihn einzuholen und zu binden, so wäre jener jetzt über alle Berge. Kaum hatte ich ihn von Atropos übernommen, so fing meine liebe Not mit ihm an. Er wehrte und sträubte sich, stemmte sich mit beiden Füßen auf die Erde und war nicht von der Stelle zu bringen. Bisweilen verlegte er sich aufs Bitten, versprach reichliche Geschenke und flehte kläglich, ihn wenigstens auf wenige Augenblicke freizulassen. Natürlich ließ ich ihn nicht los, weil er das Unmögliche verlangte. Als wir aber an den Eingang gekommen waren und ich damit beschäftigt war, dem Aiakos meine Toten wie gewöhnlich vorzuzählen, und dieser sie mit der von deiner Schwester erhaltenen

Rechnung verglich, da sieht der vermaledeite Schurke die Gelegenheit, sich heimlich davonzumachen. Als nun beim Zusammenrechnen einer fehlte, runzelte Aiakos die Stirn und schalt mich: »Höre, Hermes, lass dir nicht einfallen, dein Diebestalent überall in Ausübung bringen zu wollen. Begnüge dich damit, diese Späße oben im Himmel zu treiben. Hier bei den Toten nimmt man es genau. Wir lassen uns nicht hintergehen. Du siehst, hier in der Rechnung stehen eintausendundvier, du bringst mir aber einen weniger. Du wirst nicht sagen, dass Atropos dir einen unterschlagen habe.« Dieser Vorwurf beschämte mich, da fiel mir ein, was unterwegs vorgefallen war. Ich sah mich um – und weg war mein Widerspenstiger. Er war entsprungen, das war mir klar. Ich eilte also zurück, so schnell ich konnte, und ihm nach, und der brave Bursche da folgte mir freiwillig. Und obwohl wir liefen wie die Rennpferde, holten wir ihn doch erst beim Tainaron[108] ein – so wenig fehlte, dass er uns entkommen wäre.

Klotho. (5) In der Tat, Charon, wir haben Hermes bereits der Nachlässigkeit beschuldigt.

Charon. Nun, was zögern wir noch länger, als wären wir nicht schon lange genug aufgehalten worden?

Klotho. Du hast recht, sie sollen einsteigen. Ich will das Verzeichnis zur Hand nehmen und mich damit neben die Schiffsleiter setzen, um jedem Einzelnen, sowie er einsteigt, die gewöhnlichen Fragen zu stellen; wer und woher er ist und woran er starb. – Stelle sie nach ihren Klassen zusammen, Hermes. Die Neugeborenen wirf zuerst hinein, denn was könnten sie schon antworten.

Hermes. Siehe, Fährmann, hier ist die volle Zahl, ihrer dreihundert, samt den Ausgesetzten.

108 Südlichste Landspitze der Peloponnes.

Charon. Zum Henker, Hermes! Du bringst uns viele unreife Weinbeeren dieses Mal, Hermes.

Hermes. Soll ich nun auch gleich die Unbeweinten einschiffen, Klotho?

Klotho. Die Alten meinst du? Tu es. Warum sollte ich mich lange damit abgeben, sie nach Dingen zu fragen, woran jetzt nichts mehr liegt? Herbei also ihr Alten, die ihr sechzig Jahre und mehr habt! Was ist das? Sie hören mich nicht, so sehr haben die Jahre ihr Gehör abgestumpft. Man wird sie wohl auch aufladen und ins Schiff tragen müssen?

Hermes. Hier sind sie, an der Zahl 398. Nicht wahr, Charon, die sind doch wohl gehörig reif und nicht vor der Zeit abgelesen worden?

Charon. Das ist wohl wahr, sie sind runzelig wie Rosinen.[109]

Klotho. (6) Führe nun die an Wunden Gestorbenen heran, Hermes! – Sagt an, wie und wo habt ihr euer Leben gelassen? Doch ich will nach meinem eigenen Verzeichnis euch alle die Musterung passieren lassen. Gestern müssen in einer Schlacht in Medien 84 Mann gefallen sein, unter ihnen Gobares, Oxyates' Sohn.[110]

Hermes. Hier sind sie.

Klotho. Verliebte haben sich ums Leben gebracht: sieben, darunter Theagenes wegen einer Hetäre aus Megara.

Hermes. Da stehen sie.

Klotho. Wo sind die, welche einander wegen eines Throns umgebracht haben?

Hermes. Hier.

Klotho. Einer wurde von seiner Frau und deren Liebhaber umgebracht.

---

109 Dieser Satz wird in anderen Ausgaben Klotho zugewiesen.

110 Sonst nirgends erwähnt.

Hermes. Da ist er.

Klotho. Nun bringe die, die von den Gerichten verurteilt wurden, die zu Tode Geprügelten, die Gespießten und Gekreuzigten! – Von Straßenräubern wurden ermordet: 16. Wo sind sie, Hermes?

Hermes. Diese hier mit den Wunden sind's. Willst du, dass ich nun auch die Frauen zusammen herführe?

Klotho. Allerdings. Auch die Schiffbrüchigen nimm zusammen, denn sie sind ja alle zusammen auf die gleiche Weise gestorben. Ebenso die vom Fieber Hingerafften samt ihrem Arzt Agathokles.[111]

(7) Wo aber ist Kyniskos,[112] der Philosoph, der sterben musste, weil er ein Hekate-Mahl, mehrere Reinigungseier und dazu einen roten Meerwurm auf einmal zu sich genommen hatte?[113]

Kyniskos. Hier stehe ich schon lange, beste Klotho. Was hatte ich verschuldet, dass du mich so lange auf der Oberwelt ließest? Fast deine ganze Spindel hast du mit meinem Faden vollgesponnen. Zwar versuchte ich mehr als einmal, das Gespinst zu zerreißen, um hierher zu kommen, aber es hielt unbegreiflich fest.

Klotho. Ich ließ dich oben, damit du ein Beobachter und Arzt der menschlichen Unzulänglichkeiten seist. Nun aber sei willkommen und steig ein.

---

111 Einen Arzt Agathokles gab es tatsächlich. Er verfasste eine Schrift Περὶ διαίτης und lebte etwa zur Zeit Augustus'.

112 Kyniskos heißt dt.: das Hündchen. Lukian spielt mit diesem Namen auch auf die philosophische Schule der Kyniker an.

113 Letzteres soll auch Diogenes selbst, der bedeutendste Kyniker, getan haben. Ein Hekate-Mahl war ein Hekate-Opfer, meistens ein Hund, das von reichen Athenern dargebracht und dann an Straßenkreuzungen niedergelegt wurde, für die die Gottheit Hekate zuständig war, damit es nachts von armen Leuten gegessen wurde.

Kyniskos. Nicht eher als bis wir diesen Gefangenen eingeschifft haben, denn ich fürchte, es könnte ihm gelingen, sich von dir loszuketten.

Klotho. (8) Wer ist er denn?

Hermes. Der Tyrann Megapenthes, Sohn des Lakydes.[114]

Klotho. Steig ein, du!

Megapenthes. Ach nein, mächtige Klotho!! Lass mich nur für eine kleine Weile wieder zurück! Ich werde mich dir freiwillig und ungerufen wieder stellen.

Klotho. Was treibt dich denn, wieder umkehren zu wollen.

Megapenthes. Erlaube mir, mein Haus vollends fertigzubauen. Ich musste es halb vollendet zurücklassen.

Klotho. Du bist ein Narr. Einsteigen!

Megapenthes. Ich bitte um keine lange Zeit, o Parze. Nur einen einzigen Tag gewähre mir, oben zu bleiben, bis ich einer Gattin wegen des Geldes meinen Willen mitgeteilt und ihr angezeigt habe, wo mein großer Schatz vergraben liegt.

Klotho. Du wirst nicht entlassen, sage ich dir, und dabei bleibt es.

Megapenthes. Die ganze schwere Menge Goldes soll also verloren gehen?

Klotho. Verloren gehen? Lass dich nicht anfechten! Dein Vetter Megakles[115] kommt in den Besitz desselben.

Megapenthes. O welche Schmach! Mein Todfeind also, den ich aus törichter Sorglosigkeit nicht aus dem Wege räumte?

Klotho. Derselbe. Nun wird er dich um 40 Jahre überleben und sich deine Beischläferinnen, deine Purpurgewänder und all dein Gold aneignen.

---

114 Megapenthes heißt dt. schmerzensreich.

115 Megakles heißt dt.: der Ruhmgewaltige.

Megapenthes. Das ist sehr ungerecht von dir, Klotho, dass du das Meinge meinem ärgsten Feind zuteilst.

Klotho. Wie, du feiner Geselle! Haben nicht all diese Dinge früher dem Kydimachos gehört, und hast du dich nicht dadurch in den Besitz derselben gebracht, dass du ihn ermordetest und seine Kinder vor den Augen des sterbenden Vaters abschlachtetest?

Megapenthes. Aber nun waren sie einmal mein.

Klotho. Und jetzt ist die Frist deines Besitzes abgelaufen.

Megapenthes. (9) Höre Klotho, ich habe dir etwas in der Stille zu sagen, was niemand hören darf. – Geht ein wenig zur Seite, ihr anderen. – Wenn du mich entwischen ließest, sollst du heute noch tausend Talente gemünzten Goldes haben, hörst du?

Klotho. O Gimpel, hast du noch immer Goldmünzen und Talente im Kopf?

Megapenthes. Wenn du willst, werde ich dir noch zwei große Pokale dazutun, welche ich durch die Ermordung des Kleokritos an mich gebracht habe. Jeder derselben wiegt hundert Talente reinen Goldes.

Klotho. Schleppt ihn ins Schiff! Es sieht nicht so aus, als ob er freiwillig gehen werde.

Megapenthes. Ich leide Gewalt, ihr seid Zeugen. Die Mauern und das Seezeughaus bleiben nun unvollendet, die ich fertig gebaut hätte, wäre ich nur noch fünf Tage am Leben gewesen.

Klotho. Sei deswegen ohne Sorge. Ein anderer wird sie ausbauen.

Megapenthes. Aber die folgende Forderung ist doch gewiss billig.

Klotho. Welche denn?

Megapenthes. Mich nur so lange leben zu lassen, bis ich die Pisidier besiegt, den Lydiern Abgaben auferlegt, mir selbst aber ein großes und prächtiges Denkmal errichtet und dasselbe mit einer Aufschrift, einer Beschreibung aller meiner großen Taten und kriegerischen Unternehmungen, versehen haben werde.

Klotho. Mensch, nun forderst du ja noch mehr als einen Tag, du forderst wenigstens 20 Jahre.

Megapenthes. (10) Ich biete an, euch Bürgen für meine sofortige Rückkehr als Kaution zu stellen. Ihr sollt, wenn ihr wollt, meinen einzigen Sohn einstweilen als meinen Stellvertreter haben.

Klotho. Verruchter Schurke! Deinen Sohn, dessentwegen du die Götter so oft anflehtest, das er dich überleben möge?

Megapenthes. Ja nun, das tat ich wohl früher. Allein, jetzt bin ich klüger.

Klotho. Dein Sohn wird dir bald hierher folgen, der neue Herrscher wird ihn aus der Welt schicken.

Megapenthes. (11) So versage mir wenigstens dieses einzige nicht, o Parze!

Klotho. Nun was den?

Megapenthes. Ich möchte nur sehen, wie es nach meinem Tod in meinem Haus gehen wird.

Klotho. Das will ich dir sagen. Es wird deinen Verdruss nur mehren. Dein ehemaliger Sklave Midas heiratet deine Frau, welche schon längst mit ihm im Ehebruch lebte.

Megapenthes. Wie, der verfluchte Bube, dem ich nach ihrem Willen die Freiheit schenkte?

Klotho. Deine Tochter wird unter die Beischläferinnen des jetzigen Tyrannen gesteckt. Die Standbilder und Ehrensäulen, welche dir die Stadt einstmals setzen ließ, werden unter großem Gelächter der Zuschauer sämtlich umgeworfen werden.

Megapenthes. Sage mir aber, wird sich von meinen Freunden keiner diesem Geschehen mit tiefstem Widerwillen widersetzen?

Klotho. Wer war denn je dein Freund? Wie hätte es je einer werden können? Weißt du den nicht, dass alle jene, die vor dir krochen, die jedes deiner Worte und jede deiner Handlungen in den Himmel erhoben, dies alles nur aus Furcht oder Hoffnung taten, und, indem sie dem Augenblick nachgaben, nur Freunde deiner Herrschaft waren, nicht deiner Person?

Megapenthes. Und gleichwohl, wie oft brachten sie an meiner Tafel einen Trinkspruch für mein Wohl dar und wünschten mir mit lauter Stimme alles Gute! Wie oft erklärte sich jeder von ihnen zu sterben bereit, wenn er mein Leben damit erkaufen könne! Kurz, ich war ihr ein und alles, der Genius, bei dem sie schworen.

Klotho. Und wisse: Einer von denen, bei denen du gestern speistest, ist dein Mörder. Der letzte Becher, den man dir reichte, hat dich hierher befördert.

Megapenthes. Das war es also, warum er so besonders bitter schmeckte? Was trieb denn jenen zu dieser Tat?

Klotho. Du stellst zu viele Fragen. Du solltest längst auf dem Schiff sein.

Megapenthes. (12) Eines ist's eigentlich, Klotho, was mich am meisten bedrückt und weswegen ich so sehnlich wünsche, nur auf einige Augenblicke ins Leben zurückzukehren.

Klotho. Nun, das muss wichtig sein: Sag an!

Megapenthes. Ich hatte einen Sklaven mit Namen Karion, der, wie ich vermute, mit Glykerion, einem jungen Mädchen aus meinem Gehege, seit längerer Zeit Bekanntschaft hatte. Dieser hatte kaum gehört, dass ich tot sei, als er sich abends spät in das Gemach schlich, wo man mich, ohne mir eine Wache beizugeben, hingelegt hatte. Diese Gelegenheit machte sich Karion zunutze, verschloss die Tür und tat mit Glykerion schamlos vertraut, als ob sie ganz ohne Zeugen wären. Als der Bursche seine Lust befriedigt hatte, warf er einen Blick auf mich und sagte: »Sieh, scheußlicher Kerl, das ist für die vielen Schläge, die ich unschuldig von dir erhalten habe.« Dabei zupfte er mich am Bart, gab mir Ohrfeigen, räusperte sich dann, so breit er konnte, spuckte mir ins Gesicht und ging mit den Worten davon: »Fahr zur Hölle, Verfluchter!« Es kochte in mir, und doch, starr und abgestorben, wie ich war, konnte ich nichts machen. Aber die verfluchte Dirne, befeuchtete, als sie die Leute kommen hörte, die Augen mit Speichel, als ob sie über meiner Leiche geweint hätte, rief mich beim Namen und entfernte sich heulend. Wenn ich diese beiden kriegen könnte …

Klotho. (13) Lass dein Drohen. Steig ein, denn es ist Zeit, dass du vor Gericht erscheinst.

Megapenthes. Wie? Vor Gericht? Wer wird es wagen, über einen Alleinherrscher zu Gericht zu sitzen?

Klotho. Über den Alleinherrscher freilich niemand. Aber über den Toten: Rhadamanthys, der Gerechte, welcher, wie du bald sehen wirst, jedem nach Verdienst sein Urteil spricht. Jetzt aber ohne Umschweife vorwärts!

Megapenthes. O Parze! Mache mich vom König zum gemeinsten Mann, mache mich zum Bettler, zum Sklaven, nur lass mich wieder ins Leben zurück!

Klotho. Wo ist der mit dem Knüppel? Heda, Hermes, ziehe du ihn an den Füßen hinein! Freiwillig geht er nicht.

Hermes. Willst du wohl folgen, du Ausreißer! Marsch! Hier, Fährmann, nimm ihn in Empfang und verwahre ihn gut!

Charon. Geht in Ordnung. Er wird an den Mast gebunden.

Megapenthes. Beim Zeus, weil ich Fürst war und 10 000 Mann Leibwache hatte.

Klotho: Und Karion hätte nicht recht gehabt, einen so dummstolzen Gesellen, wie du einer bist, am Bart zu zausen? Wart' – die Lust soll dir vergehen, den Tyrannen zu spielen. Gebt ihm den Knüppel zu kosten!

Megapenthes. Wird wohl Kyniskos sich unterstehen, den Stock gegen mich zu erheben? Weißt du nicht mehr, wie wenig neulich fehlte, dass ich dich wegen der frechen und groben Ausfälle, die du dir gegen mich erlaubtest, ans Kreuz nageln ließ?

Kyniskos. Dafür wirst du jetzt an den Mast genagelt werden.

Mikyllos. (14) Sage doch, Klotho, werde ich denn von euch für gar nichts gerechnet? Kommt etwa deswegen, weil ich bettelarm bin, die Reihe des Einsteigens zuletzt an mich?

Klotho. Wer bist du?

Mikyllos: Der Schuster Mikyll.[116]

Klotho. Grämst du dich denn dieses Vorzuges? Hörtest du nicht, was mir dieser Tyrann alles geben wollte, wenn er nur auf eine kurze Zeit losgelassen würde? Ich müsste mich sehr wundern, wenn nicht auch dir jeder Augenblick Verzögerung erwünscht wäre.

Mikyllos. Höre, beste der Parzen! Die Gnade, welche der Kyklop Odysseus versprach, dass er ihn zuletzt auffressen wollte,[117] dünkt mich eine klägliche Vergünstigung. Die Zähne sind dieselben, man werde zuletzt oder zuerst von ihnen verspeist. Nun aber befinde ich mich in einem ganz anderen Fall als die Reichen. Ihr Leben und mein

---

116 Ihn lässt Lukian in einem anderen Werk einen Dialog mit seinem Hahn halten.

117 Homer, Odyssee 9,369 f.

Leben stehen im direkten Gegensatz zueinander. Wenn ein Fürst, der auf der Welt glücklich galt, in höchstem Ansehen stand und allgemein gefürchtet wurde, sein vieles Gold und Silber, seine Prachtgewänder, seine Pferde, seine kostbare Tafel, seine blühenden Knaben und reizenden Frauen zurücklassen soll – ist es ein Wunder, wenn er jammert und sich von seinen Herrlichkeiten nur mit Schmerzen losreißt? Seine Seele hängt an diesen Dingen wie der Vogel an der Leimrute. Ja es ist, als ob sie schon lange mit ihnen verwachsen, als ob es ein unzerreißbares Band wär, das sie fesselt. Wird nun ein solcher mit Gewalt davongeführt, so klagt er und fleht und zeigt sich beim Anblick des Weges in die Unterwelt ebenso zaghaft, wie er zuvor brutal gewesen ist. Immer wendet er sich um und möchte, was er auf der Welt zurückließ, wie unglückliche Liebende den Gegenstand ihrer Sehnsucht, wenn auch nur aus der Ferne, erblicken. Gerade so machte es auch dieser Narr da, der unterwegs sogar ausreißen und dich hier mit Bitten erweichen wollte.

(15) Ich hingegen, der ich auf Erden kein Pfand meiner Anhänglichkeit, keine Äcker, kein eigenes Haus, kein Gold, keine Gerätschaften, keine Ehrenstelle und keine Ahnenbilder zurücklasse, ich war gleich reisefertig. Auf den ersten Wink, den mir Atropos gab – ich hatte gerade einen Pantoffel in Arbeit – warf ich mit Freude meinen Schusterkneif und meine Lederflecken aus den Händen, sprang auf, barfuß, wie ich war, und ohne mich von der Schwärze zu reinigen, folgte ich bzw. lief allen voran mit stets vorwärts gerichteten Blicken. Denn hinter mir lag nichts mehr, was mich zurückgerufen oder mich zum Umsehen gereizt hätte. Und, beim Zeus, es ist wirklich ganz hübsch bei euch. Die allgemeine Gleichheit, die hier herrscht, und dass keiner seinem Nachbarn etwas voraus-

hat, dünkt mich eine gar schöne Sache zu sein. Vermutlich wird man hier auch vor seinen Gläubigern Ruhe haben und frei von allen Steuern und Auflagen sein. Und, was mir das Liebste ist, ich werde nicht mehr des Winters frieren, nicht mehr krank sein, von keinem vornehmen Grobian mehr Misshandlungen erdulden müssen. Hier ist allenthalben Frieden, und die Verhältnisse haben sich umgekehrt. Wir armen Schlucker lachen, und die Reichen jammern und heulen.

Klotho. (16) Vorhin schon merkte ich, dass du lachtest, Mikyll. Was war es denn, was dir so lustig vorkam?

Mikyllos. Das will ich dir sagen, ehrwürdigste Göttin. Ich wohnte in der Oberwelt in der Nähe dieses Tyrannen und konnte daher alles, was bei ihm vorging, genau beobachten. Damals glaubte ich, einen Gott in ihm zu erblicken. Wenn ich ihn so in seinem Purpur prangen und von seiner Schar dienstfertiger Höflinge umgeben sah, wenn ich sein Gold, seine mit Edelsteinen besetzten Trinkgefäße, seine auf silbernen Fußgestellen liegenden Ruhepolster betrachtete, so pries ich ihn wahrhaftig glücklich. Und vollends der köstliche Dampf der Speisen, die für seine Tafel zubereitet wurden, der mir gewaltig in die Nase stach – all dies ließ mich in ihm ein dreimal seliges Wesen erblicken, das an Herrlichkeit und Größe wenigstens eine große Elle über den Sterblichen hervorragte. Und wie stolz fühlte er sich in seinem Glück, wie majestätisch war sein Gang, wie vornehm die Haltung seines Kopfes, und sein Blick – wie furchtbar für alle, die sich ihm nahten! Und nun, da er tot und aller seiner Herrlichkeit entkleidet ist, muss ich lachen, sooft ich ihn ansehe. Doch noch mehr über mich selbst, dass ich einfältig genug war, ein Scheusal wie dieses anzustaunen, von seinem Küchendampf auf seine Glückseligkeit zu schließen und wegen des Blutes lakonischer Meerschnecken[118] ihn seligzupreisen.

(17) Als ich aber vorhin auch noch den reichen Wechsler Gniphon[119] sah, wie er seufzte und es bitter bereute, sein Geld nicht genossen, sondern das ganze große Vermögen unberührt dem liederlichen Rhodochares,[120] seinem nächsten Verwandten und gesetzlichen Haupterben, hinterlassen zu haben, da konnte ich nicht satt werden, ihn auszulachen, umso mehr, da ich mich gar zu gut erinnere, wie blass und schmutzig der Mensch immer aussah, wie das beständige Sorgen und Trachten seine Stirn durchfurcht hatte, wie er nur dann seines Reichtums froh war, wenn er seine Finger in Bewegung setzte, Talente und Zehntausende von Drachmen zu zählen, kurz: welche umfängliche Mühe er sich gab, bei Hellern und Pfennigen ein Vermögen zusammenzukratzen, das nun der lustige Rhodochares in kurzer Zeit in großen Summen durchbringen wird. – Aber warum halten wir uns auf, ihr Ach und Weh uns anzuhören, wird auch auf der Überfahrt noch genügend Spaß machen.

Klotho. Steig ein, damit der Fährmann die Anker lichten kann.

Charon. (18) He du, was willst du da? Das Schiff ist bereits voll. Du musst bis morgen warten. Dann sollst du in aller Frühe übergesetzt werden.

Mikyllos. Ist das denn recht, Charon, einen, der gestern gestorben ist, stehen zu lassen? Warte, ich werde dich bei Rhadamanthys wegen gesetzeswidrigen Verhaltens verklagen. – O weh, sie fahren ab, und ich muss nun ganz allein hier bleiben! Aber halt, ich schwimme ihnen nach.

118 Woraus der Purpur gemacht war.
119 Gniphon heißt dt.: der Knicker.
120 Rhodochares heißt dt.: Rosenblüte.

Ich bin ja schon tot, warum sollte ich mich vor dem Ertrinken fürchten? Ich habe ohnehin keinen Obolos, um das Fährgeld zu bezahlen.

Klotho. Was soll das, Mikyll, so warte doch! Es geht durchaus nicht an, dass du so hinüberkommst.

Mikyllos. Und doch komme ich vielleicht noch vor euch ans Land.

Klotho. Nein, du darfst nicht. Wir fahren dir entgegen und nehmen dich auf. Hermes, lenke hierher!

Charon. (19) Wo soll er sich denn jetzt niedersetzen? Du siehst doch, dass alles voll ist!

Hermes. Er soll sich dem Tyrannen auf die Schultern setzten, nicht wahr?

Klotho. Ein vortrefflicher Gedanke, Hermes. – So komm denn und tritt dem Schuft auf den Nacken. – Nun aber los, in Gottes Namen!

Kyniskos. Höre, Charon, ich will dir gleich die Wahrheit sagen. Ich bin nicht im Stande, dir für die Überfahrt den Obolos zu bezahlen, indem ich außer dem Rucksack da und meinem Stock rein gar nichts besitze. Wenn du aber willst, so biete ich dir meine Dienste beim Wasserschöpfen und beim Rudern an. Gib mir nur ein brauchbares und starkes Ruder, und du sollst dich nicht über mich zu beklagen haben.

Charon. Ich bin einverstanden, so rudere denn.

Kyniskos. Soll ich nicht auch ein Ruderliedchen singen?

Charon. Ja, wenn du eins weißt, das zum Takt passt.

Kyniskos. Ich weiß deren mehrere. – Aber hörst du, wie die dort durcheinander heulen? – Diese harmonische Begleitung würde unseren Gesang nur stören.

Ein Reicher. (20) Ach, meine Schätze!

Ein Zweiter. O meine Felder!

Ein Dritter. Hu, das prächtige Haus, das ich zurücklassen muss.

Ein Vierter. Ach, wie wird mein Erbe die vielen Talente vertun, die er von mir erbt!

Ein Fünfter. O weh, meine kleinen Kinder!

Ein Sechster. Ach wer wird nun in dem Weinberg lesen, welchen ich im vorigen Jahr angelegt habe!

Hermes. Wie, Mikyll, hast du denn alleine nichts zu jammern? Es ist nicht erlaubt, dass einer, ohne zu weinen, herüberfahre.

Mikyllos. Lass mich, Hermes, ich wüsste wahrlich nicht, warum ich jammern sollte.

Hermes. So seufze doch wenigstens ein bisschen, es ist ja nur des Brauches wegen.

Mikyllos. Weil du es so haben willst, Hermes, so will ich denn auch eine Wehklage erheben. Ach, wenn ich nur meine Lederflecke wieder hätte! O meine alten Pantoffeln! Hu, meine abgetragenen Schuhe! O ich Unglücklicher! So soll ich nun nicht mehr vom Morgen bis in den Abend ohne zu essen dasitzen, soll des Winters nicht mehr barfuß und halb nackt umherlaufen, nicht mehr frieren, dass mir die Zähne klappern! Ach, wer wird meinen Kneif, wer meinen Pfriem erhalten? – Ist's recht so? – Aber siehe, wir sind schon ganz nah am Ufer!

Charon. (21) He, zuerst muss das Fährgeld bezahlt werden. Nun ist die Reihe auch an dir, ich habe es bereits von allen. Hörst du Mikyll, meinen Obolos!

Mikyllos. Du spaßest, Charon, das hieße ins Wasser zu schreiben, von Mikyll einen Obolos eintreiben zu wollen. Kurz und gut: Ich weiß nicht, ob ein Obolos rund oder viereckig ist.

Charon. Schön. Das nenne ich einmal eine einträgliche Fahrt. Nun so steig aus, damit ich die Pferde, Ochsen und Hunde und die übrigen Tiere holen kann. Denn die müssen heute auch noch herüber.

Klotho. Nimm sie in Empfang, Hermes. Ich fahre auf das jenseitige Ufer zurück, um zwei Serer, Indopatres und Heramithres,[121] herüberzubringen, die einander in Grenzstreitigkeiten umgebracht haben.

Hermes. Vorwärts, Leute – oder vielmehr: Folgt mir alle der Reihe nach.

Mikyllos. (22) Beim Herakles, wie finster! Nun zeige mir einer den schönen Megyllos[122] oder entscheide hier, ob Symmiche oder Phryne[123] schöner ist! Alles ist ja gleich und einfarbig, und es besteht kein Unterschied zwischen schön und hässlich. Selbst der abgeschabte grobe Kittel da, der sonst so eine erbärmliche Figur machte, gilt jetzt soviel wie das Purpurgewand jenes Königs. In ein und derselben Finsternis begraben ist dieses so gut als jenes. He Kyniskos, wo bist du denn?

Kyniskos. Hier, Mikyll. Gehen wir zusammen?

Mikyllos. Gern, aber reiche mir die Hand. Hier – du hast doch wohl die Weihe, Kyniskos? Findest du nicht, dass es hier gerade so ist wie in den Eleusinen?[124]

Kyniskos. Du hast recht. Da kommt uns wirklich eine Fackelträgerin entgegen. Aber wie fürchterlich und drohend sie blickt – gewiss ist sie eine der Furien.

Mikyllos. So scheint es, ihrem Aussehen nach zu schließen.

Hermes. (23) Hier übergebe ich dir 1004 Tote, Tisiphone.

Tisiphone. Rhadamanthys erwartet euch schon lange.

---

121 Serer war die Bezeichnung für ein ostasiatisches Volk.

122 Wohl eine erfundene Person.

123 Zwei Hetären, die letztgenannte eine berühmte in Athen.

124 Eleusis war ein Stadtteil von Athen, in dem Demeter besonders verehrt wurde. Zum Kult gehörte die Hoffnung auf ein Weiterleben nach dem Tod.

Rhadamanthys. Führe sie herbei, Tisiphone. Und du, Merkur, nenne sie einzeln und führe sie vor.

Kyniskos. O Rhadamanthys, bei Zeus, deinem Vater, bitte ich dich, lass mich zuerst rufen, beginne mit mir dein Verhör!

Rhadamanthys. Warum das?

Kyniskos. Ich bin entschlossen, diesen Tyrannen seiner vielen Übeltaten anzuklagen, die er in seinem Leben begangen hat und die mir alle bekannt sind. Allein, man würde meiner Aussage wenig Glauben beimessen, wenn nicht zuvor klar wäre, wer ich bin und wie ich selbst gelebt habe.

Rhadamanthys. Nun, wer bist du also?

Kyniskos. Ich heiße Kyniskos und bin meinen Grundsätzen nach Philosoph.

Rhadamanthys. Tritt herzu, du sollst der Erste sein, den ich richte. Hermes, lade die Ankläger des Kyniskos vor.

Hermes. (24) Sofern einer wider gegenwärtigen Kyniskos eine Klage vorzubringen hat, der trete vor.

Kyniskos. Es meldet sich niemand.

Rhadamanthys. Ich bin damit noch nicht zufrieden, du musst dich nun auch noch entkleiden, damit ich deine Male untersuchen kann.

Kyniskos. Wie? Du meinst, ich wäre irgendwo gebrandmarkt?[125]

Rhadamanthys. Jede Übeltat, die ein Sterblicher in seinem Leben begeht, lässt auf der Seele ein gewisses, kaum merkliches Brandmal zurück.

---

125 Im Original doppeldeutig: Wie sollte ich στιγματίας geworden sein? Das griechische Word bedeutet wörtlich »Gezeichneter«, übertragen »Schurke« (so wie man im Deutschen einen unehrlichen Gesellen »Schlitzohr« nannte, dem zur Strafe sein Ohrring ausgerissen worden war).

Kyniskos. Hier stehe ich unbekleidet. Untersuche nun die Male, von denen du sprachst.

Rhadamanthys. Du bist wahrhaftig ganz rein, außer drei oder vier verblichenen, fast unsichtbaren Flecken. Doch was ist das? Hier sehe ich Spuren und Zeichen von vielen ehemaligen Brandnarben. Aber sie sind auf ganz eigenartige Weise ausgetilgt, vielmehr ausgeschabt. Wie ging das zu, Kyniskos? Wie bist du erst später wieder so rein geworden?

Kyniskos. Das will ich dir sagen. Ich war anfänglich ein schlechter Mensch, aus Mangel an Erziehung und Bildung. Dies trug mir solche Brandflecken in Menge ein. Sobald ich aber begonnen hatte, mich dem Studium der Weisheit hinzugeben, wusch ich allmählich alle jene Male von meiner Seele ab.

Rhadamanthys. In der Tat, da hast du ein sehr gutes und sehr wirksames Mittel gefunden. Nun fahre zur Insel der Seligen und erfreue dich des Umgangs mit den edelsten Menschen. Aber zuvor bringe deine Klagen gegen den Tyrannen an, von dem du vorhin sprachst. Rufe inzwischen andere herbei, Hermes.

Mikyllos. (25) Mit mir wirst du bald fertig sein, Rhadamanthys. Da bedarf es keiner langen Untersuchung. Hier stehe ich schon lange nackt. Sieh mich an.

Rhadamanthys. Wer bist du denn?

Mikyllos. Der Schuster Mikyll.

Rhadamanthys. Schön, Mikyll, auch du bist ganz rein und ungezeichnet. Du kannst desselben Weges wie Kyniskos gehen. – Rufe nun den Tyrannen.

Hermes. Megapenthes, Lakydes' Sohn, soll erscheinen! Hierher, dich meine ich, Tyrann! Tisiphone, stoße ihn mit Gewalt vorwärts und zwinge ihn, sich zu stellen.

Rhadamanthys. Nun Kyniskos, bringe deine Klagen nebst Beweisen gegen den hier stehenden Mann vor.

Kyniskos. (26) Zwar bedürfte es keiner förmlichen Anklage, da schon seine Male dir auf den ersten Blick verraten werden, was für einen Menschen du vor dir hast. Um ihn jedoch noch vollständiger zu entlarven, will ich dir seine Schandtaten der Reihe nach offenbaren. Ich übergehe, was dieses Scheusal alles als Privatmann verübt hat. Aber nachdem er sich einer Bande der gottvergessensten Verbrecher zugesellt hatte, sich mit einer Leibwache umgeben und sich zum Diktator des Freistaates gemacht hatte, ließ er mehr als 10 000 Menschen ohne Urteil und Recht hinrichten und riss ihr Eigentum an sich. Nachdem er auf diese Weise in den Besitz unermesslichen Reichtums gelangt war, gab es keine Art zügelloser Ausschweifung, die er sich nicht erlaubte. Mit der rohesten Grausamkeit und dem empörendsten Übermut behandelte er die beklagenswürdigen Bürger, entehrte ihre Töchter und schändete ihre Knaben. Kurz gesagt, er ließ den Rausch seiner Leidenschaften in jeder Weise an seinen Untertanen aus, und ich glaube nicht, dass es möglich ist, ihn nach Verdienst für den beispiellosen Hochmut zu züchtigen, mit welchem er jeden anfuhr, der in seine Nähe kam. Es ist weniger gefährlich, in die Sonne zu schauen, als es war, ihm mit festem Blick in die Augen zu sehen. Wer wäre ferner imstande, die mannigfaltigen Arten von Martern zu schildern, welche seine erfinderische Grausamkeit ersann und mit welchen er auch seine nächsten Verwandten und Freunde nicht verschonte. Dass diese meine Angaben keine grundlosen Verleumdungen sind, davon kannst du dich sogleich überzeugen, wenn du die Schatten der von ihm Ermordeten herbeirufen willst. Doch da sind sie ja schon, ungerufen, wie du siehst, sie drängen sich um ihn und wollen ihn bei der Kehle fassen. Siehe, Rhadamanthys, diese alle haben durch ihn ihr Leben verloren, durch diesen Bösewicht. Die einen wurden in der Stille aus der Welt geschafft, weil sie schöne Frauen hatten, die anderen mussten sterben, weil sie über die Entehrung ihrer Kinder ihren Unmut äußerten, wieder andere weil sie reich waren, und wiederum andere, weil sie Männer von Geschick, Einsicht und Rechtschaffenheit waren und eine solche Regierung verabscheuten.

Rhadamanthys. (27) Was sagst du dazu, Verruchter?

Megapenthes. Die Mordtaten und Hinrichtungen leugne ich nicht, aber alles Übrige, dass ich die Ehefrauen verführt, die Jünglinge entehrt, die Jungfrauen geschändet hätte, das alles hat Kyniskos über mich erlogen.

Kyniskos, Auch dafür werde ich Zeugen bringen, Rhadamanthys.

Rhadamanthys. Welche denn?

Kyniskos. Rufe mir seine Lampe und sein Bett herbei, Hermes! Sie werden nicht zögern, all die Schandtaten zu berichten, deren Zeugen sie gewesen sind.

Hermes. Die Lampe und das Bett des Megapenthes sollen erscheinen! – Schön, sie gehorchen. Da sind sie schon.

Rhadamanthys. Sagt nun an, ihr zwei, was ihr von diesem Megapenthes wisst. Zuerst soll das Bett sprechen.

Das Bett. Kyniskos hat in allem die Wahrheit gesprochen. O Herr, ich schäme mich, zu sagen, was dieser Mensch alles auf mir vollführt hat.

Rhadamanthys. Schon deine Scham, es zu sagen, zeugt laut genug. Was hast du anzugeben, Lampe?

Die Lampe. Was am Tage vorkam, weiß ich nicht, weil ich nicht dabei war. Und was er bei Nacht getrieben und – gelitten, mag ich nicht sagen. Nur soviel: Ich habe unzählige Male Dinge mit angesehen, die ich gar nicht aussprechen kann, die ärger sind als alles, was schändlich ist. Wie oft hörte ich auf, mein Öl zu trinken, weil ich verlöschen wollte, aber er nötigte mich, seine Untaten zu beleuchten, und entweihte meine Flamme auf jede Weise.

Rhadamanthys. (28) Genug der Zeugnisse. Lege nun auch noch dein Purpurgewand ab, damit wir die Zahl deiner Brandmale sehen. Hilf Zeus! Er ist über und über mit schwarzblauen Flecken und Narben bedeckt! Was soll nur seine Strafe sein? Soll er in den Feuerstrom gestürzt oder dem Kerberos[126] vorgeworfen werden?

Kyniskos. Ich denke nicht. Wenn du erlaubst, will ich dir eine ganz neue und für ihn angemessene Strafe vorschlagen.

Rhadamanthys. Sprich nur, du wirst mich dir dadurch zu sehr großem Dank verbinden.

Kyniskos. Soviel ich weiß, besteht die Sitte, dass alle Verstorbenen aus dem Lethequell trinken.

Rhadamanthys. Ja und nun?

Kyniskos. Er soll der Einzige unter allen sein, der nicht trinken darf.

Rhadamanthys. Und warum das?

Kyniskos. Weil es ihm die härteste Strafe sein wird, von der steten Erinnerung an seine ehemalige Hoheit und Macht keine Ruhe zu haben.

Rhadamanthys. Du hast Recht. So sei er denn verurteilt, neben Tantalos gefesselt, über der Erinnerung an sein voriges Leben zu brüten.

---

126 Der dreiköpfige Wachhund am Eingang der Unterwelt.

Die gekauften Gelehrten

Lukian an seinen Freund Timokles[127]

Inhalt: Lukian beschreibt die Rolle der griechischen Hausgelehrten in römischen Haushalten als schwer zu ergatternde aber eigentlich nicht erstrebenswerte Funktion.

(1) Wo soll ich beginnen, mein lieber Freund, wo enden, wenn ich dir schildern will,[128] was diejenigen zu leiden und zu tun gezwungen sind, die sich an die Reichen und Großen als Gesellschafter vermieten und als Freunde derselben erscheinen, während ihr Verhältnis viel eher den Namen der Knechtschaft verdient? Ich kenne viele, vielleicht die meisten der Widerwärtigen, an welche diese Leute geraten, zwar keineswegs aus eigener Erfahrung, ich war nämlich noch nie in der Not, die Probe selbst machen zu müssen, und werde auch nach dem Willen der Götter nie in die Lage kommen, aber was ich weiß, weiß ich aus den vielfältigen Äußerungen solcher, welche selbst in diese Lage geraten waren. Einige von diesen seufzten damals noch unter dem Joch, als sie mir klagten, was sie ausstehen mussten. Andere aber waren ihm wie einem Gefängnis entronnen und gedachten mit Behagen des überstandenen Ungemachs. Es

---

127 Sonst nicht erwähnt, möglicherweise ein fiktiver Freund Lukians. Hier wie sonst oft (vgl. die Anmerkungen zu Timon) gebraucht Lukian gerne telling names, also Namen für Personen, die diese selbst charakterisieren. Timokles wäre demnach jemand, der nach Ehre strebt.

128 Anspielung auf Homer, Odyssee, 9,14.

machte ihnen wirkliches Vergnügen, mir alle Übel vorzuzählen, denen sie entgangen waren, und sie waren daher nur umso glaubwürdiger, da sie in jene Verhältnisse, sozusagen durch alle Grade eingeweiht[129] und vor ihren Augen alle Schleier nach und nach gefallen waren, hinter welchen sich die Wahrheit verbirgt. Ich hörte ihnen wirklich mit Teilnahme und Aufmerksamkeit zu. Es war mir, als vernähme ich Schiffbrüchige, wie sie mit geschorenen Häuptern,[130] im Vorhof eines Tempels stehend, ihre wunderbare Rettung erzählten, wie sie berichten können von haushohen Wellen, von Sturm, Unwetter und Felsenriffen, vom Mast, der zertrümmert, vom Ruder, das entzweigebrochen war, von der Ladung, die über Bord geworfen wurde, und endlich von den Dioskuren, die in diesem Zusammenhang nicht fehlen dürfen, oder irgendeinem anderen *Deus ex machina*,[131] der plötzlich, auf der Segelstange sitzend oder am Steuerruder stehend, erschienen sei und das Schiff an ein sanft ansteigendes Ufer brachte, an welchem es vollends sachte und allmählich aus seinen Fugen gegangen, während sie selbst infolge der göttlichen Gnade dasselbe wohlbehalten verlassen hätten. In diesem Ton sagen solche Leute je nach den Umständen eine lange Leier von ihren Leiden her, und indem sie sich nicht bloß als Unglückliche, sondern auch als Günstlinge einer Gottheit darstellen, beabsichtigen sie desto reichlichere Almosen.

---

129 Hier spielt Lukian auf die antiken Mysterienkulte an, die er mit dem Unterkommen in einem römischen Haushalt vergleicht. Die Rettung, die jene im religiösen Sinn versprechen, verspricht die Anstellung bei einem reichen Römer im irdischen Leben.

130 Als Dank für die Lebensrettung pflegte man der Gottheit die Haare zu opfern.

131 Ein Kunstgriff des griechischen Theaters: Ein Gott erscheint auf der Bühne, um eine verfahrene Situation aufzulösen, ohne dass die Lösung aus der Handlung heraus motiviert oder vorbereitet wäre.

(2) Jene Ersten aber wissen auch von den Stürmen zu erzählen und von gewaltigen, ja fünf- und zehnfach aufgetürmten Wogen, von solchen nämlich, die in den Häusern der Reichen über sie hereingebrochen sind. Wie anfänglich, da sie ausgelaufenen sind, die See so glatt und ruhig erschien, welches Ungemach aber während der ganzen Fahrt ausgestanden werden musste, bald Durst, bald Seekrankheit, bald alle Kräfte übersteigende Anstrengung, um das eindringende Wasser auszuschöpfen. Und wie endlich an einer verborgenen Klippe oder an einem schroffen Felsen das ganze Fahrzeug in Trümmer gegangen, und die Erbarmungswürdigen, nackt und von allem Notwendigen entblößt, kümmerlich ans Land geschwommen wären. Bei solchen Schilderungen kam es mir vor, als ob die guten Leute noch manches andere aus Scham verschwiegen und absichtlich zu vergessen suchten. Jene Übel nun, die sie mir wirklich nannten, und die anderen, auf welche ich aus ihren Äußerungen schließen musste, sind, wie ich mich überzeugte, von solchen Verbindungen mit großen Häusern unzertrennlich. Und da ich seit längerer Zeit zu bemerken glaube, dass du, mein lieber Timokles, Absichten auf eine Stelle dieser Art hast, so säume ich nicht, dir alles mitzuteilen, was ich über diese Sache zu sagen weiß.

(3) Du warst schon öfter anwesend, wenn das Gespräch auf diesen Gegenstand fiel, als dann einer oder der andere aus der Gesellschaft das Los solcher Söldner als ein sehr glückliches pries. Außer der Ehre, die Vornehmsten der Römer zu Freunden zu haben, hatten sie das Vergnügen, unentgeltlich an köstlichen Tafeln zu speisen, prächtig zu wohnen, mit aller Bequemlichkeit und höchst genussreich zu reisen und mit einem mit weißen Pferden bespannten Wagen sich recht stattlich in die Brust werfen

zu können und obendrein für diese Freundschaft und für das genossene Gute noch reichlich bezahlt zu werden. Kurz, sie wären die Glücklichen, denen, ohne dass sie zu pflügen und zu säen brauchen,[132] alles im Überfluss wüchse. Sooft du solche und ähnliche Äußerungen hörtest, bemerkte ich wohl, welche Begierde nach dieser Herrlichkeit sich in deiner Miene ausdrückte. Ich sah, wie du schon den Mund öffnetest, um den köstlichen Köder zu verschlingen. Um mich nun für die Zukunft außer Verantwortung zu setzen und damit du nicht sagen kannst, ich hätte dich zugleich mit der karischen Feige eine so gefährliche Angel verschlingen sehen, ohne dich zuvor gewarnt zu haben oder dir zu Hilfe gekommen zu sein, um dich von dem Haken zu befreien, noch bevor er in den Schlund gedrungen wäre; sondern ich hätte gewartet, bis du an der verschluckten oder fest eingehakten Angel in die Höhe gezogen und fortgeschleppt worden wärst und hätte dann, als es zu spät war, unnütze Tränen des Bedauerns vergossen – damit du mir also keine solchen Vorwürfe würdest machen können, die begründet wären und welchen ich auf keine Weise entgehen könnte, wenn ich dir die Gefahr nicht beizeiten gezeigt hätte, so schenke allem, was ich dir nun sagen werde, ein aufmerksames Gehör: Betrachte das Netz und die Reuse, die deiner wartet, mit aller Muße von außen und überzeuge dich nicht erst, wenn du schon drinnen bist, wie unmöglich es ist, wieder herauszukommen. Nimm die Angel selbst in die Hand. Sieh dir die scharfen und rückwärts gewandten Spitzen des dreifachen Widerhakens genau an, bring ihn in den geöffneten Mund und prüfe seine Wirkung. Und wenn

132 Anklang an Homer, Odyssee, 9,109. Dort wird dies auf die Kyklopen bezogen.

du dann nicht findest, dass er dich mit unwiderstehlicher Gewalt packt und festhält und dir umso größere Schmerzen verursacht, je heftiger zu ziehst, so nenne mich einen hasenherzigen Gesellen, der deswegen nichts hat, weil er nichts wagt, und falle herzhaft über deinen Raub her, wenn du Lust hast, und schlinge wie eine gefräßige Möwe die ganze Lockpfeife auf einmal hinein.

(4) Zwar soll meine Zuschrift zunächst nur dir gelten, mein Freund Timokles, doch dürfte sie nicht diejenigen, welche sich die Philosophie und überhaupt die ernsten Studien zum Lebenszweck gemacht haben, sondern auch Grammatiker, Rhetoren und Musiker, kurz alle berühren, welche Lust tragen, für Gold die Gesellschafter der Großen zu machen. Da es aber in diesen Verhältnissen einem wie dem anderen geht und die Erfahrungen aller hierin ganz ähnlich sind, so siehst du selbst, wie wenig ehrenvoll, ja wie schmählich für einen Philosophen eine solche Lage sein muss, da der Herr, in dessen Sold er steht, ihn durch keine würdigere Behandlung vor den anderen auszeichnet. So unangenehm übrigens manches, was sich im Verlauf meiner Darstellung ergeben wird, diesem oder jenem zu hören sein mag, ist doch die Schuld mit allem Recht zunächst jenen, die das Unwürdige tun, sodann denen, die es sich gefallen lassen, zuzumessen. Ich für meinen Teil bin schuldlos, es sei denn, dass Wahrheitsliebe und Freimütigkeit einen Vorwurf begründeten.[133] Was aber das übrige Gesindel betrifft, Spaßmacher, Schmarotzer und Schmeichler ohne alle Bildung, kleine, niederträchtig denkende Seelen, so wäre es weder der Mühe wert, diese von ihren Verbindungen mit großen Häusern abbringen

133 Zur Zeit der schriftstellerischen Tätigkeit Lukians nicht, wohl aber unter früheren und späteren Kaisern.

zu wollen, noch würden sie solchen Mahnungen Gehör geben. Und in der Tat kann man es diesen Kreaturen auch nicht sehr verübeln, wenn sie bei der übermütigen Behandlung, die sie erdulden, von ihren Geldgebern gleichwohl nicht lassen wollen. Denn sie sind für ein solches Leben wie gemacht und verdienen es nicht besser. Zudem: Was gäbe es auch sonst noch, was ihre Neigung und Tätigkeit rege machen könnte? Nähme man ihnen dieses, so wären sie die unbrauchbarsten, müßigsten, überflüssigsten Geschöpfe der Welt. So wenig also diesen durch eine solche Behandlung Unrecht geschieht, ebenso wenig kann jenen Herren der Vorwurf des Übermuts gemacht werden, wenn sie den Nachttopf dazu gebrauchen, wozu er da ist. Denn nur um sich so mitspielen zu lassen, liefen sie ja in diese Häuser, und darin besteht eben die Kunst, die sie treiben, alles zu erleiden und zu allem sich herzugeben. Umso mehr muss es unseren Unwillen erregen, Leute von Bildung auf gleiche Weise wie jene behandelt zu sehen. Und es lohnt sich sehr wohl, zu versuchen, soviel es an uns liegt, sie zurückzubringen und ihnen wieder in die Freiheit zu verhelfen.

(5) Man tut, meine ich, gut daran, zuerst die Beweggründe, die so manche zur bewussten Lebensart veranlassen, zu untersuchen und darzulegen, die in Wirklichkeit keineswegs so stark und drängend sein können. Auf diese Art würde ihnen schon das erste Verteidigungsargument ihrer freiwilligen Knechtschaft von vornherein abgeschnitten. Tatsächlich schützen die meisten von ihnen ihre Armut und die Verlegenheit vor, in der sie waren, sich auch nur die notwendigsten Bedürfnisse zu befriedigen, und glauben damit, ihren Schritt hinlänglich beschönigt zu haben. Sie meinen, es wäre genug, wenn sie sagten, sie hätten nur dem ärgsten

menschlichen Übel, der Armut, entgehen wollen, und das wäre ihnen doch wohl nicht zu verübeln. Da sind sie dann schnell mit jenem alten Waidspruch des Theognis bei der Hand:

Nichts ist jeder Mann, der schmachtet in den Fesseln der Armut.[134] –

Und was alles noch die niedrig denkenden unter den Dichtern der Armut nachgesagt haben. Fände ich nun, dass sie durch ihre eingegangenen Verbindungen ihrer Armut in Wahrheit abgeholfen hätten, so wollte ich es hinsichtlich des Punktes, dass sie dabei nicht eben gerade besonders unabhängig sind, so genau nicht nehmen. Nun aber ist das, was sie erhalten (um mich eines Gleichnisses des großen Redners[135] zu bedienen), der Nahrung ähnlich, welche die Ärzte den Kranken zumessen, welche ihnen weder Kräfte gibt noch sie sterben lässt. Es ist also offensichtlich, dass sie sich selbst auch in dieser Hinsicht schlecht beraten haben, da ihr Los im Wesentlichen dasselbe geblieben ist. Sie sind nach wie vor arm, sind genötigt, von anderen zu nehmen und können nichts zurücklegen, weil sie nie zu viel haben, sondern alles, was sie bekommen, und wenn sie noch so oft und noch so viel bekommen, ganz und gar auf augenblickliche Bedürfnisse verwenden müssen. Wäre es also nicht weit vernünftiger, statt auf diese Weise die Armut austricksen zu wollen, indem ihr nur für den Augenblick ein wenig abgeholfen wird, viel mehr ein Mittel auszusinnen, sie für immer loszuwerden? Und sollte man auch meinetwegen nach dem Willen des Theognis dieses Mittel in den tiefsten Gründen des Meeres aufsu-

134 Nach Theognis (Dichter des 6./5. Jh.), V. 177 f.

135 Demosthenes, griechischer Politiker und Redner des 4. Jhs. v.Chr., bedeutendster Rhetoriker Griechenlands, der zitierte Gedanke stammt aus der 3. Olynthische Rede.

chen müssen.[136] Wer sich aber als Söldner hergegeben hat und sich einbildet, eben dadurch der Armut entgangen zu sein, während er doch ebenso wenig Eigentum besitzt und ebenso bedürftig ist wie zuvor – wie sollte der dem Vorwurf des jämmerlichsten Selbstbetruges entgehen?

(6) Auch gibt es welche, die uns versichern, sie hätten sich vor der Armut nicht gefürchtet, wenn sie imstande gewesen wären, durch Arbeit, gleichwie andere Leute, ihr tägliches Brot zu verdienen. Allein, da ihnen dies durch Altersschwäche oder Krankheit unmöglich sei, hätten sie sich entschließen müssen, die für sie leichteste Lebensweise zu wählen, also sich zu verdingen. Es wird sich jedoch bald zeigen, ob sie die Wahrheit sprechen und ob sie wirklich so leicht zu dem kommen, was ihnen gegeben wird, oder ob sie sich nicht viel, ja sogar noch mehr Mühe und Beschwerlichkeit als andere Leute gefallen lassen müssen. In der Tat, es sieht einem frommen Wunsch gar so ähnlich, eine allzeit parate Summe einzustreichen, ohne sich darum zu bemühen oder etwas dafür tun zu müssen. Und in Wirklichkeit ist gerade das Gegenteil der Fall. Mir fehlen die Worte, um die Unbequemlichkeiten zu schildern, die unerträglichen Plackereien, denen sich ein solcher gelehrter Hausfreund zu unterziehen hat. Es gehört wirklich eine die gewöhnliche übersteigende, dauerhafte Gesundheit dazu, die Tausende alltäglich vorkommender Beschwerlichkeiten auszuhalten, welche den Körper bis zur äußersten Erschöpfung ermüden und am Ende verzehren. Ich werde später am passenden Ort wieder auf diesen Punkt zurückkommen, wo auch von den übrigen Beschwerden dieser Lage die Rede sein wird. Zunächst begnüge ich mich damit, gezeigt zu haben, dass auch

136 Theognis, V. 175 f.

diejenigen nicht die Wahrheit sagen, welche mit diesem zweiten Grund den Verkauf ihrer Freiheit zu rechtfertigen versuchen.

(7) Noch ist ein Grund, nämlich der wahre und eigentliche, übrig, den sie freilich durchaus nicht in Worte fassen. Um des Wohlwollens willen und angelockt von den vielen glänzenden Aussichten drängen sie sich in die vornehmen Häuser. Der Anblick so vielen Goldes und Silbers blendet sie. An jenen Tafeln zu sitzen, in jenen Genüssen zu schwelgen, erscheint ihnen als das höchste Gut. Die schwärmerische Hoffnung, ihren Golddurst hier in vollen Zügen befriedigen zu können, hat sich ihrer bemächtigt. Das ist es, was sie verführt und was sie aus freien Männern zu Knechten macht: nicht der Mangel an wenigem Notdürftigen, den sie vorgeben, sondern die Sucht nach dem Überflüssigen und das Trachten nach vielerlei Kostbarkeiten. Dafür werden sie denn auch behandelt wie eine ausgelernte Dirne ihren schmachtenden Liebhaber behandelt. Sie begegnet ihm mit Stolz, und um ihn, wo möglich, immer in seiner verliebten Sklaverei zu halten, gewährt sie ihm nicht einmal die Gunstbezeugung des leichtesten Kusses. Denn zu klug, um nicht zu wissen, dass mit dem Genuss das Verliebtsein aufhört, weiß sie dieser Entzauberung sorgfältig vorzubeugen und ihren Anbeter mit steter Hoffnung hinzuhalten. Um aber nicht befürchten zu müssen, der Arme könnte des ewigen Hoffens überdrüssig und von seinem Liebesehnen am Ende geheilt werden, beglückt sie ihn zuweilen mit einem süß lächelnden Blick und mit wiederholten Versprechen, ihn nun bald zu erhören und seine Treue aufs Köstlichste zu belohnen. Allein, mittlerweile schleicht die Zeit dahin und die Jahre nahen unbemerkt, da die Liebe so wenig wie Gewährung wert ist: Und nun? Mit was anderem als

mit beständigem Hoffen hat der Unglückliche sein ganzes Leben zugebracht?

(8) Immerhin können wir das Verlangen nicht anklagen, so angenehm wie möglich zu leben, und sollte es auch noch so viele Opfer kosten. Wer wollte es dem Freund des Vergnügens verargen, wenn er sich dasselbe auf jede Weise zu verschaffen sucht? Obgleich es jedenfalls eine gemeine und sklavische Denkungsart verriete, um des Vergnügens willen sogar sich selbst zu verkaufen, indem der Genuss der Freiheit immer ein weit süßerer ist. So ließe sich doch zur Not auch dieser Schritt entschuldigen, falls der Zweck wirklich erreicht würde. Jedoch: Auf eine ungewisse Erwartung von Genüssen hin sich einer Menge von Widerwärtigkeiten zu unterziehen, ist unstreitig ebenso töricht wie lächerlich, umso mehr, als man ja im Voraus klar genug sieht, wie unvermeidlich die Letzteren sind, während das erhoffte Angenehme, von welcher Art es auch sein mag, in so langer Zeit noch keinem zuteil geworden ist, noch, wie aus guten Gründen zu schließen ist, jemals einem zuteilwerden wird. Wenn daher die Gefährten des Odysseus über dem süßen Lotus, den sie kosteten, alles Übrige vergaßen und im Augenblick des Genusses das Wichtigere nicht achteten,[137] so wird uns die Nichtbeachtung keineswegs befremden, da ihre Seele[138] ganz und gar mit dem Angenehmen der Gegenwart beschäftigt war. Würde dagegen einer mit hungrigem Magen dabeistehen

137 Homer, Odyssee, 9,82–104: Odysseus bei den Lotophagen; unter dem Wichtigeren ist die Heimfahrt zu verstehen, zu der die Gefährten erst wieder mit Gewalt gebracht werden mussten; ebenso müssen die sich verkaufenden Philosophen zur Vernunft gebracht werden, statt sich von den erhofften Vorteilen einwickeln zu lassen.

138 In spätantiker Deutung ging es in dieser Homerstelle um den Widerstreit der seelischen und körperlichen Interessen.

und zusehen, wie jemand den süßen Lotus verspeist, und über der bloßen Hoffnung, er werde wohl irgendwann einmal auch davon zu kosten kriegen, alles Ehrenhafte und Rechte vergessen – beim Herakles, ein solcher Narr verdiente nicht sanfter als dort die homerischen Lotusfresser zurechtgewiesen zu werden.

(9) Mit dem Bisherigen werden nun so ziemlich alle Beweggründe dargestellt sein, aus welchen so manche das Leben in großen Häusern suchen und sich in die Hände der Reichen zu jeder diesen beliebenden Behandlung ausliefern. Man könnte allerdings noch diejenigen erwähnen, die sich bloß von der Ehre anlocken lassen, Hausgenossen hochadliger Herren und Purpurstreifenträger[139] zu sein, denn es gibt wirklich deren nicht wenige, welche hierin eine ganz besondere, über die gewöhnlichen Menschen sie hoch erhebende Auszeichnung erblicken. Wiewohl ich für meinen Teil gestehe, dass ich nicht einmal der Hausgenosse des Kaisers selbst sein und mich dafür anschauen lassen wollte, wenn ich außer dieser Ehre sonst keinen Vorteil davon hätte.

(10) Wir wollen nun sehen, mein lieber Timokles, was diese Leute sich gefallen lassen müssen, ehe sie die gewünschte Aufnahme in ein vornehmes Haus finden, sodann was sie erleben, wenn sie darin sind, endlich, welches Ende eine solche Laufbahn gewöhnlich nimmt.

Man kann in der Tat nicht sagen, eine solche Stelle sei in demselben Grad, in dem sie lästig ist, auch leicht zu erhalten, und man dürfe statt aller weiteren Bemühungen nur wollen, dann werde sich alles Übrige von selbst machen. Im Gegenteil, es kostet viel Lauferei und unausgesetztes Aufwarten vor der Tür. Morgens zur

139 Senatoren.

frühesten Stunde muss man aufstehen, warten, sich hin und her stoßen, aufschließen, von einem syrischen Türhüter[140] anschnauzen und sich »zudringlich« und »unverschämt« schelten lassen und sich unter die Willkür eines afrikanischen Nomenklators[141] stellen, den man dafür noch bezahlen muss, dass er sich den richtigen Namen vormerkt. Auch für die Kleidung muss ein die Kräfte übersteigender Aufwand getrieben werden, um seinen Aufzug dem Rang dessen gegenüber, dem man den Hof macht, in ein angemessenes Verhältnis zu setzen. Man muss die Farben wählen, welche der Herr liebt, um nicht abzustechen und ihm nicht widrig aufzufallen. Man muss ihn unverdrossen allenthalben begleiten bzw. sich von seinen Bedienten vorschieben lassen und seine Begleitung vollzählig machen helfen. Und bei all dem können viele Tage nacheinander vergehen, ohne dass er dich auch nur angesehen hat.

(11) Und wenn es dir auch einmal recht gut geht, und er wird deiner gewahr und ruft dich herbei und richtet irgendeine Frage an dich, wie sie ihm gerade vor den Mund kommt – so bist du bestürzt, kommst in die größte Verlegenheit, der Angstschweiß bricht dir aus, es schwindelt dir vor Augen, du zitterst gerade im wichtigsten Augenblick und wirst zum Gelächter aller Umstehenden. Er fragt dich z.B.: »Wer ist der König der Achaier?«,[142] so muss er diese Frage mehrfach wiederholen, bis du endlich in deiner Verwirrung sagst: »Tausend hatte er«, weil du

140 Lukian war selbst von syrischer Abstammung.

141 Der Nomenklator war in der Regel ein Sklave oder Freigelassener. Seine Aufgabe war es, dem Herrn die Namen derer einzuflüstern, die dieser kennen wollte. In der Kaiserzeit hatten die Nomenklatoren auch Einladungen zu Abendgesellschaften zu überbringen und Einfluss auf die Auswahl der Gäste.

142 Der berühmteste war Agamemnon.

meinst, er hätte nach der Zahl der Schiffe gefragt.[143] Das nennen nun freilich die Wohlmeinenden Schüchternheit, bei Herzhaften heißt es Zaghaftigkeit, die aber, die dir übelwollen, sehen darin einen Mangel an Bildung und Lebensart. Du gerätst in Verzweiflung, dass die erste Gelegenheit, da sich die Gunst des Herrn dir zuzuwenden schien, so misslich ausgeschlagen wurde, du entfernst dich und machst dir die bittersten Vorwürfe, über deine törichte Verzagtheit. Und wenn du nun

genug unruhiger Nächte durchwacht
und auch der blutigen Tage genug,[144]

geharrt hast (freilich nicht um eine Helena, auch nicht um eines Priamos Feste, sondern nur um die erhofften fünf Obolen Tagegeld zu gewinnen), so nimmt sich vielleicht, wenn es gut geht, irgendein guter Genius, unverhofft erscheinend wie ein Theatergott, deiner an, und du wirst zu einer Prüfung zugelassen, wie weit du es in der Philosophie und in den schönen Wissenschaften gebracht hast. So angenehm sich dabei der reiche Herr unterhalten mag, der dich bei dieser Gelegenheit hört, wie du ihn lobst und glücklich preist – entsprechend groß ist deine Not, da dir zumute ist, als ob es um deinen Kopf geht und Glück oder Unglück deines ganzen Lebens auf dem Spiel steht. Denn es muss dir dabei natürlich in den Sinn kommen, dass du von keinem anderen angenommen wirst, wenn du in dieser Prüfung für unbrauchbar befunden und abgewiesen werden solltest. Ebenso unvermeidlich ist es, dass dich jetzt tausend der verschiedensten Empfindungen zerstreuen: Neid gegen die, welche jetzt mit dir zugleich

143 Die Homer im sog. »Schiffskatalog« der Ilias, 3,484–779 anführt.
144 Homer, Ilias, 9,325 f. Achill erklärt hier, dass der Kampf um Troja trotz der Opfer aussichtslos sei. Auch dies bildhaft für die Situation des verkauften Gelehrten.

geprüft werden (denn du musst immer voraussetzen, dass es noch mehrere gibt, die dasselbe Ziel haben), Unzufriedenheit mit dir selbst, indem dir alles, was du sagst, als ungenügend erscheint, Furcht und Hoffnung, mit denen du an den Mienen des großen Herrn hängst und dich vernichtet fühlst, wenn ihm eine deiner Meinungen missfällt, dagegen voll Heiterkeit und froher Erwartung bist, wenn er dich gnädig lächelnd anhört.

(12) Zudem wird es immer wahrscheinlicher, dass du viele Widersacher haben wirst, von welchen jeder einen anderen an diesen Platz schieben möchte und dir daher unvermerkt und hinterrücks einen Treffer zu geben sucht. Und nun stell dir die ganze unwürdige Szene vor, einen Mann mit langem Bart[145] und grauen Haaren, wie er sich examinieren lassen muss, ob er auch etwas Rechtes gelernt habe, und mit anhören muss, wie die Stimmen über seine Kenntnisse obendrein auch noch geteilt sind! Bis man sich hierüber geeinigt hat, ist dein bisheriger Lebenswandel Gegenstand heftigster Nachforschungen; man befragt deine Landsleute, deine Nachbarn, und wenn einer derselben aus Missgunst oder aus irgendeinem nichtswürdigen Anlass übel gestimmt gegen dich, etwas aussagt, z.B. du wärest den Ehefrauen oder den schönen Knaben gefährlich, so ist dies ein Zeugnis aus Zeus' Schreibtafel,[146] sagen aber alle und jeder nichts als Rühmliches von dir, so ist ein so einstimmiges Ergebnis zweifelhaft und erregt den Verdacht der Bestechung. Du siehst also, es müssen viele glückliche Umstände zusammentreffen, es darf auch nicht ein Punkt gegen dich sprechen, oder es wird dir unmöglich gelingen.

---

145 In der Kaiserzeit ließen sich diesen viele als äußeres Zeichen ihrer Gelehrtheit wachsen. Da der innere Zusammenhang zwischen beidem fehlt, wurde darüber durchaus auch gespottet.

146 D.h. es wird unumstößlich geglaubt.

Doch wie dem auch sei – angenommen es ginge alles nach Wunsch und über die Maßen glücklich: Der Große hat deine Leistungen gut gefunden und die besten deiner Freunde, auf deren Urteil er hierin am meisten baut, haben ihn darin bestärkt, seine Frau will dir gut, sein Haushofmeister und sein Verwalter stellen sich dir wenigstens nicht entgegen, kein Mensch hat an deinem Lebenswandel etwas auszusetzen – kurz, alles ist günstig, von allen Seiten erweisen sich die Auspizien als vortrefflich.

(13) Du hast gesiegt, glücklicher Sterblicher! Du hast den olympischen Kranz errungen, ja es ist vielmehr, als hättest du Babylon erobert, Sardes hohe Burg eingenommen![147] Nun ist das Füllhorn des Glücks dein, und sogar die Hühner werden dir Milch geben.[148] Und damit jener Kranz nicht aus bloßem Laub bestehe, müssen dir nun als Erfolg aus dem vielen ausgestandenen Ungemach die größten Vorteile erwachsen. Es muss dir ein ansehnlicher Ehrensold ausgesetzt und in jedem Augenblick, da du ihn brauchst, ohne Schwierigkeiten ausgezahlt werden. Die Achtung, mit welcher man dir begegnet, wird dich vor allen gewöhnlichen Leuten auszeichnen; die Plackereien, das Herumstehen im Kot der Straßen, das Laufen, das Ausharren vor den Türen, das Durchwachen der Nächte hat nun ein Ende; du kannst dich nun bequem auf dein Ruhepolster legen, wonach du dich so sehr sehntest, und dich ganz allein den Beschäftigungen widmen, derentwegen du gleich anfangs angenommen worden bist, wofür

147 Sardes war die Hauptstadt von Lydien und wurde mitsamt ihren sagenhaften Schätzen 547 v.Chr. von den Persern eingenommen.

148 Eine eigentlich verständliche griechische Redensart, die auch bei Aristophanes vorkommt (Wespen 508, Vögel 734). Pauly erklärt sie dennoch mit der deutschen: Wer Glück hat, dem kalbt ein Ochse.

du dein Gehalt beziehst. – Ja, mein lieber Timokles. So sollte es sein! Und man könnte sich das Unglück endlich noch gefallen lassen, ein so leichtes, bequemes und obendrein noch vergoldetes Joch zu tragen. Aber daran fehlt viel – genauer gesagt: Daran fehlt alles. Glaube mir, im Verhältnis eines gelehrten Hausfreundes gibt es tausenderlei Dinge, die einem freien und edel denkenden Mann unerträglich sein müssen. Doch lass dir eine Reihe solcher Situationen schildern und entscheide dann selbst, ob es ein Mann, der sich auch nur einen geringen Grad wissenschaftlicher Bildung erworben hat, in einer solchen Lage aushalten kann.

(14) Ich will mit deiner Erlaubnis gleich bei der ersten Mahlzeit anfangen, zu welcher du geladen wirst, bei der du gleichsam die Vorweihe zu deiner neuen Bestimmung erhalten sollst. Zuerst erscheint bei dir ein ganz artiger Bedienter, um dich zur Tafel zu laden. Diesen Burschen musst du vor allem auf deine Seite bringen; um nicht gar unmanierlich zu erscheinen, drückst du ihm also wenigstens fünf Drachmen in die Hand. Der Mensch ziert sich: »Nein, nein, beim Herakles, das geschieht nicht, von dir nehme ich nichts.« Am Ende lässt er sich doch bewegen, nimmt's und geht – und lacht sich ins Fäustchen. Nun hast du genug zu tun, deine besten Kleider hervorzusuchen, dich zu baden und dich so zierlich, wie du nur immer kannst, herauszuputzen. Und weil es ebenso wenig Lebensart verrät, als Erster zu erscheinen, wie es unschicklich ist, zuletzt zu kommen, musst du ängstlich die mittlere Zeit abwarten, um in das Speisezimmer einzutreten. Dort empfängt man dich mit viel Höflichkeit. Ein Diener weist dir deinen Platz ganz in der Nähe des Hausherrn selbst an, sodass sich nur zwei seiner ältesten Freunde zwischen dir und ihm befinden.

(15) Dir ist es, als wärest du in Zeus' Palast gekommen, so staunst du alles an, so fremd und so neu ist dir hier alles. Während aber diese ungewohnten Szenen deine Seele in beständiger Spannung halten, sind die Augen der Dienerschaft auf dich gerichtet, und jeder der Anwesenden beobachtet sorgfältig dein Benehmen. Selbst dem reichen Herrn ist es nicht gleichgültig; er hat einen seiner Leute beauftragt, auf dich achtzugeben, ob du nicht etwa zu oft nach seiner Frau oder nach den blühend hübschen aufwartenden Jungen schielst. Die umstehenden Diener der Gäste bemerken recht gut dein unbeholfenes, betretenes Wesen. Sie machen sich über die Hilflosigkeit lustig, mit welcher du dich bewegst. Und da dir sogar die vor dir liegende Serviette etwas ganz Neues zu sein scheint, so wird daraus der natürliche Schluss gezogen, dass du dein Lebtag nicht bei einem feinen Herrn gespeist habest. Was Wunder, wenn du inzwischen aus lauter Verlegenheit helle Tropfen schwitzt und, so durstig du bist, doch das Herz nicht hast, Wein zu verlangen, um nicht für einen Trinker gehalten zu werden. Ebenso wenig wagst du es, von den vor dir stehenden und in geschmackvoller Weise angeordneten Speisen etwas anzurühren, weil du nicht weißt, mit welcher Schüssel der Anfang gemacht werden muss. Es bleibt dir also nichts übrig, als nach dem Nachbarn zu schielen, ihm alles nachzumachen und so zu lernen, wie die Teile der Mahlzeit aufeinanderfolgen.

(16) Übrigens wirst du durch die mannigfaltigen Eindrücke und Vorstellungen, welche deine Seele durchdringen, in die größte Gemütsunordnung, ja geradezu in eine Art Betäubung versetzt. Bald denkst du: Wie glücklich ist doch dieser reiche Man inmitten seines Goldes, seines Elfenbeins und all dieser Herrlichkeit! Bald kommt es dir erbärmlich vor, wie ein Mensch wie du, der doch so gar

nichts ist, sich einbilden kann, sein Dasein auf der Welt heiße auch Leben. Bisweilen aber fällt es dir doch wieder ein, dir die beneidenswerten Tage zu versprechen, da du das alles mitgenießen und an allem gleichen Anteil haben wirst. Denn du meinst, so wie heute würden hinfort alle Tage Bacchanalien gefeiert. Und nun vollends die blühenden Jünglinge, die dich bedienen und dich so süß anlächeln, welch eine reizende Zukunft lassen sie dich erwarten. Und so schwebt dir beständig jenes Wort der trojanischen Greise bei Homer vor, die beim Anblick Helenas ausriefen:

Tadelt nicht die Troer und die hell umschienten Achaier,
die um eine solche Frau lange ausharren im Elend.[149]

Ebenso wenig, denkst du, war es auch dir zu verargen, um eines solchen Götterlebens willen vieles zu tun und zu dulden.

Nun geht das Zutrinken an. Der Hausherr hat sich einen der größten Pokale reichen lassen, und es dem »gelehrten Herrn«[150] oder wie er dich sonst betiteln mag, zugebracht. Du empfängst den Becher aus seiner Hand, weißt aber nicht, was du dazu sagen musst, und so hast du aufs Neue die Meinung von dir erregt, dass du ein Mensch ohne Lebensart seist.

(17) Gleichwohl hat dieses gnädige Zutrinken die Missgunst einiger älterer Hausfreunde rege gemacht, welche bereits gleich anfangs der Platz, den man dir zugewiesen hat, verdrossen hat. Man kann es nicht verwinden, dass ein Mensch, der heute erst ins Haus kam, sogleich Männern vorgezogen werden soll, welche schon viele Jahre im Dienst ausgehalten haben. Da fallen dann Äußerungen

149 Homer, Ilias 3,156 f.
150 Διδάσκας.

unter ihnen wie diese: »Das fehlte noch zu den anderen Widerwärtigkeiten, dass wir solchen Menschen, die kaum die Schwelle betreten haben, nachstehen sollten! Was ist denn an diesen Griechen, dass ihnen allein die Stadt Rom offensteht und man ihnen vor uns allen den Vorzug gibt? Was glauben sie denn, was ihre armseligen Deklamationen nützen können?« – »Hast du nicht gesehen«, fällt ein anderer ein, »wie er dem Becher zusprach, wie gierig er die Schüsseln an sich zog und die Speisen verschlang? Er ist ein ungesitteter Hungerleider, dieser Bursche. Er hat sich wohl nie, auch nicht im Traum an Weißbrot satt gegessen, geschweige denn an Perlhühnern und Fasanen, wovon er uns kaum die Knochen übrig gelassen hat.« – »Ihr närrischen Leute«, sagt ein Dritter, »es wird keine fünf Tage dauern, so hört ihr ihn hier in unserer Mitte dieselben Klagen führen. Fürs Erste wird er wie ein Paar neue Schuhe in Augenschein genommen und in Ehren gehalten. Lass diese einmal abgetreten und schmutzig geworden sein, so wirft man sie unter das Bett, um sie von Wanzen bevölkern zu lassen. So ging es uns, und nicht anders wird es auch ihm ergehen.« In diesem Ton geht es weiter, ihre Gespräche drehen sich immer nur um deine Person, und schon denkt mehr als einer daran, wie er dich durch Verleumdungen zu Fall bringen kann.

(18) Du siehst also, mein Freund: Es ist, als ob die ganze Mahlzeit nur deinetwegen angestellt worden sei. Du bist fast der einzige Gegenstand von allem, was dabei gesprochen wird. Inzwischen hast du von einem zwar leichten aber rasch wirkenden Wein, den du nicht gewohnt bist, nach und nach etwas zu viel getrunken und fühlst dich, da sich das Bedürfnis einstellt, dich zu entfernen, gar sehr unbehaglich. Allein, vor den anderen von der Tafel aufzustehen, wäre ebenso unschicklich, wie es nicht geraten

ist zu bleiben. Gleichwohl zieht sich das Gelage in die Länge, die Gespräche werden lebhafter, eine Vorführung folgt auf die andere[151] – denn du sollst heute nun einmal alle Herrlichkeit deines Gönners zu Gesicht bekommen –, dir hingegen vergeht in deinem peinlichen Zustand Hören und Sehen. Und während alle einem hoch gepriesenen jungen Zitherspieler zuhorcht und du gezwungen in den allgemeinen Beifall einstimmst, wünschst du im Stillen ein Erdbeben oder einen Feuerlärm herbei, nur damit das Tafeln endlich einmal ein Ende hätte.

(19) Das wäre also die erste jener Mahlzeiten, mein lieber Timokles, die man sich gewöhnlich so köstlich vorstellt. Mir für meinen Teil ist ein derb gesalzener Thymiansalat, von dem ich in Freiheit essen kann, wann und wie viel ich will, lieber.

Am Morgen des folgenden Tages – denn mit einer Schilderung der Magenbeschwerden,[152] die dich die Nacht über plagen, will ich dich verschonen – habt ihr, der Herr und du, eine Übereinkunft zu schließen, wie viel an jährlichem Gehalt du bekommen sollst und in welchen Abständen es ausgezahlt werden soll. Er lässt dich also im Beisein zweier oder dreier seiner Freunde rufen, und nachdem er dir befohlen hat, dich zu setzen, fängt er ungefähr folgendermaßen an: »Du hast nun selbst gesehen, wie es in meinem Hause zugeht und wie bei uns unter Verbannung allen eitlen Pomps durchaus auf einem einfachen bürgerlichen Fuß gelebt wird. Sei hinfort überzeugt, dass alles zwischen uns gemeinschaftlich ist, und benimm dich dieser Überzeugung gemäß. Denn es wäre doch wohl lächerlich, wenn ich den Mann, dem ich mein Wesent-

151 Tänzerinnen, Flötenspielerinnen, Sänger, Pantomimen usw.
152 Lukian schreibt, etwas deutlicher als es der Übersetzer wiedergibt, von saurem Aufstoßen und nächtlichem Erbrechen.

liches, meine Seele, und wohl auch meine Kinder (falls er welche hat, die des Unterrichts bedürfen) anvertraue, nicht auch ebenso gut wie mich selbst für den Herrn aller meiner Güter halten wollte. Indessen muss doch etwas Bestimmtes zwischen uns ausgemacht werden. Wiewohl ich sehe, wie sehr Bescheidenheit und Genügsamkeit deinen Charakter auszeichnen, und wiewohl ich recht gut weiß, dass du nicht in Hoffnung auf Geldgewinn, sondern aus reinem Verlangen nach meinem Wohlwollen und angezogen von der Hochachtung, die dir von allen hier zuteilwird, in unser Haus gekommen bist – gleichwohl soll etwas Bestimmtes ausgemacht werden. Sag nun selbst, was du verlangst. Vergiss aber dabei nicht, mein Bester, die Geschenke in Anschlag zu bringen, mit welchen ich das ganze Jahr hindurch an jedem Festtag, wie sich von selbst versteht, mich einstellen werde. Ich werde es an diesem Punkt durchaus nie fehlen lassen, wenn wir auch vor der Hand nichts über denselben festsetzen. Du weißt aber selbst, wie viele dieser Gelegenheiten im Laufe des Jahres eintreten. Im Hinblick auf diesen Umstand also wirst du deine Forderungen, wie ich denke, umso mäßiger halten, zumal es euch gelehrten Herren ohnehin wohl ansteht, über Geldangelegenheiten erhaben zu sein.«

(20) Mit solchen Worten ungefähr wird er dich in deinen Hoffnungen gewaltig wankend machen und dich dahin zu bringen wissen, dass du leichter zu behandeln bist. Du hattest von Talenten und Zehntausenden, von Landgütern und Dörfern geträumt: Nun merkst du nachgerade, dass der Mensch ein Filz ist. Gleichwohl nimmst du seine Versprechungen mit Devotion[153] an und hältst

153 Das griechische Wort, das Lukian hier verwendet, gebrauchte man eigentlich von Hunden, die mit dem Schwanz wedeln, um mehr zu bekommen.

das Wort: »Alles soll zwischen uns gemeinschaftlich sein« für zuverlässig und gewiss, ohne zu bedenken, dass dergleichen Zusagen

nur die äußersten Lippen und nicht den Gaumen uns netzen.[154]

Endlich, weil du dich zu fordern schämst, überlässt du es ihm selbst, etwas zu bestimmen. Er erklärt, dies in keinem Fall tun zu wollen, fordert aber einen der anwesenden Freunde auf, ins Mittel zu treten und einen Vorschlag zu machen, nach welchem weder ihm, der noch viele andere nötige Ausgaben habe, eine zu schwere Forderung auferlegt, noch dir eine zu geringe Belohnung geboten werde. Dieser Freund nun, ein alter Fuchs, von Jugend auf in Augendienerei geübt, nimmt das Wort und sagt: »Du wirst wohl nicht leugnen wollen, mein Bester, dass kein glücklicherer Mann in ganz Rom ist als du, dem das Glück zufiel, das von den vielen, die noch eifrig danach streben, immer noch wenigen zuteilwerden wird, ich meine die Ehre, der Gesellschafter, Tisch- und Hausgenosse eines der ersten römischen Großen geworden zu sein. Wahrhaftig, das muss dir, wenn du vernünftig bist, mehr gelten als die Talente eines Kroisos und alles Gold des Midas. Ich kenne viele namhafte und angesehene Männer, welche die bloße Ehre, im Umgang deines Gönners zu leben und als seine Freunde öffentlich zu erscheinen, gerne mit vielem Geld erkauften. Da du nun für ein so großes Glück sogar noch bezahlt werden sollst, so finde ich in der Tat keine Worte, um zu sagen, wie wohl das Schicksal es mit dir

154 Homer, Ilias, 22,495. Im weiteren Verlauf des Zitats beklagt Andromache, dass ihr Kind nach dem Tod seines Vaters Hektor nur noch Almosen aus Mitleid bekommen und letztendlich ganz vom Tisch verjagt werden wird. Für die Kenner der Ilias bereits eine Vorausdeutung auf das Schicksal des Gelehrten.

gemeint hat. Wenn du also kein gemeiner Mensch sein willst, dem es nur ums Prassen zu tun ist, so glaube ich, du begnügst dich mit …«, und da nennt er denn die erbärmlichste Kleinigkeit, zumal wenn du sie mit deinen großen Erwartungen vergleichst.

(21) Allein, was ist zu tun? Du bist nun einmal im Garn und kommst nicht wieder los, also musst du zufrieden sein mit dem, was dir geboten wird und dir das Gebiss willig ins Maul legen lassen. Und da der Zaum anfangs nur ganz sachte angezogen wird und noch keine scharfen Sporen fühlbar werden, bist du ganz gefügig und lenkbar, bis du dich unbemerkt völlig an diesen Zwang gewöhnt hast. – Die Leute außerhalb der Schranken aber, in die du getreten bist, beneiden dich um die Nähe des Großen, in der du lebst, um das Glück, dort aus- und einzugehen und ein Mitglied seines vertrauten Zirkels geworden zu sein. Du siehst zwar selbst noch nicht recht ein, warum man dich für so glücklich hält, doch freust du dich darüber und suchst dich selbst mit der Einbildung zu hintergehen, es werde mit der Zeit schon besser kommen. Aber Freund, von allem, was du hoffst, geschieht gerade das Gegenteil: Es geht dir nach dem Sprichwort wie dem Opfer des Mandrabulos,[155] das heißt, mit jedem Tag schlechter, und mit jedem Schritt kommst du weiter zurück.

(22) Allmählich dämmert dir die Wahrheit herauf, und du beginnst einzusehen, dass jene schimmernden Hoffnungen nichts als goldene Seifenblasen waren, dass hingegen die wirklichen Beschwerden, die du dir aufgeladen hast, ebenso lästig wie unvermeidlich und anhaltend sind.

155 Mandrabulos aus Samos gelobte Juno für einen gefundenen großen Schatz ein jährliches reiches Opfer. Im ersten Jahr brachte er ihr ein goldenes Schaf dar, im zweiten ein silbernes, im dritten ein kupfernes, ab dem vierten nichts mehr.

Du wirst mich fragen, welche Beschwerden das sind, und wirst mir gestehen, nicht zu begreifen, wie mit einem solchen Verhältnis Mühseligkeiten und unerträgliche Lasten verbunden sein sollen. Wohlan, mein Lieber, suchen wir also das Mühselige dieser Lage auf, und nicht bloß das, sondern auch das Schmähliche, Niederträchtige – mit einem Wort: das Knechtische derselben – ein Punkt, bei welchem mit besonderer Aufmerksamkeit zu verweilen ist.

(23) Wisse also fürs Erste, dass du mit dem Eintritt in ein solches Haus, in dessen Dienst du dich verkauft hast, aufhören musst, dich für einen freien Mann von guter Herkunft zu halten. Alle jene Rechte, welche deine freie Geburt und das Ansehen deiner Vorfahren dir geben, musst du vor der Schwelle zurücklassen. Denn Eleutheria[156] würde es verschmähen, dich an einen Ort zu begleiten, wo eine so unwürdige und erniedrigende Behandlung deiner wartet. Es ist nun einmal nicht anders – und hörtest du das Wort noch so ungern – du wirst ein Sklave sein, und nicht nur der eines Herrn, sondern der vieler Herren. Du wirst Knechtsdienste tun mit gekrümmtem Rücken von morgens bis abends, gedungen für schmählichen Lohn. Und da du in der Knechtschaft nicht aufgewachsen bist, sondern in vorgerücktem Alter von ihr in die Schule genommen wirst, so kann es nicht ausbleiben, dass dein Herr nicht einmal eine günstige Meinung von deiner Brauchbarkeit erhält und auf dich nur einen geringen Wert legen wird. Denn was dich untüchtig macht, ist, dass dir von Zeit zu Zeit deine freie Geburt wieder einfällt. Du stellst dich dann zuweilen ungebärdig, und eben darum wird dir deine Sklaverei noch unerträg-

156 Die Göttin der Freiheit.

licher, es sei denn, dass du meinst, zur Freiheit gehöre nur, keinen Pyrrhias oder Zopyron[157] zum Vater zu heben und nicht wie ein gemeiner bithynischer Knecht von einem Ausrufer mit lautem Geschrei ausgerufen worden zu sein. Allein, wenn der Zahltag da ist, und mein Freund steht mitten unter den Pyrrhias- oder Zopyronsöhnen und streckt nicht anders als die übrigen Sklaven seine Hand aus, um seinen Monatslohn in Empfang zu nehmen: Wie da, mein Lieber? Heißt das nicht etwa, sich selbst zu verkaufen? Eines Ausrufers bedurfte der freilich nicht, welcher sich selbst angeboten und so lange schon um einen Herrn geworben hat.

(24) Wie, Ehrvergessener (möchte ich alsdann sagen, umso mehr, da du ein Philosoph sein willst), wenn du an Bord eines Schiffes in Feindeshand geraten wärst oder von einem Seeräuber gefangen und verkauft würdest, wie würdest du jammern und über das Unrecht klagen, das dir widerfährt? Oder wenn einer dich ergreifen und unter dem Vorwand, du seist sein Sklave, von dannen führen wollte – wie würdest du in Harnisch geraten, wie würdest du über Gewalt schreien, mit lauter Stimme Himmel und Erde als Zeugen und die Gesetze zur Rache aufrufen! Und du selbst hast dich, in einem Alter, in welchem der geborene Sklave anfängt, sich um seine Freilassung zu bemühen, samt deiner Tugendwissenschaft und Weisheit um ein paar Obolen verkauft. So wenig also achtest du die Lehren des herrlichen Plato, des Chrysipp[158] und des Aristoteles, die stets dem edlen Freisinn das Wort gesprochen und die Verwerflichkeit knechtischen Denkens gezeigt haben? Du schämst dich nicht in den Reihen der

157 Typische Sklavennamen.
158 Philosoph der Stoa, 3. Jh. v.Chr.

Tagediebe, Schmeichler und Schmarotzer zu erscheinen, in deinem griechischen Philosophenmantel mitten unter dem Schwarm von Römern seltsam abzustechen, ein klägliches Latein daherzustottern und an lärmenden Tafeln mit einer Menge von Leuten zu speisen, die zum größten Teil hergelaufenes Gesindel und schlechte Burschen sind? Ist dir's nicht eine Last, bei solchen Gelagen den Leuten schöne Worte sagen und über Gebühr trinken zu müssen, des Morgens aber in aller Frühe, sobald das Zeichen gegeben wird,[159] aufzuspringen, dir den angenehmsten Traum aus dem Kopf zu schlagen und ohne dir auch nur Zeit zum Waschen zu nehmen, treppauf und treppab zu rennen? Sind denn die Bohnen so rar geworden und der gemeine Ackerkohl, ist das frische reine Quellwasser ausgegangen,[160] dass du in der Not zu einem solchen Mittel greifen musstest, dich weiterzubringen? Oder ist es nicht vielmehr mit der Hand zu greifen, dass es dir gar nicht um Wasser und Bohnen, sondern um köstliche Gerichte und leckeres Backwerk und duftende Weine zu tun ist? Da geschieht es dir nun vollkommen recht, wenn dir der Angelhaken wie einem gefräßigen Hecht den lüsternen Rachen zerrissen hat. Dieser Leckerhaftigkeit folgt die Strafe auf dem Fuß nach. Denn nun dienst du, wie ein Affe mit einem Halsband um den Nacken, den Leuten zum Gelächter. Du selbst zwar meinst es gut zu haben, weil es Feigen genug zum Naschen gibt, aber Freiheit und das edle Selbstgefühl und das Andenken an deine gute Herkunft und deine ehemaligen Freunde und Verwandten sind dahin. Und dieser Dinge wird hinfort nicht mehr gedacht.

---

159 Für die Untertanen, mit einer Art tönerner Glocke.

160 Die gewöhnliche Kost der Kyniker, die sich stets auf das Notwendigste beschränkten.

(25) Übrigens könnte man sich noch zufrieden geben, wenn mit dieser Lage nur die Unehre verbunden wäre, als Sklave angesehen zu werden. Allein, auch die Dienste, die man dir zu tun auferlegt, sind die des gemeinen Knechts. Oder sieh einmal, ob das, was dir zu besorgen zugemutet wird, um ein Haar besser ist als die Verrichtungen eines Dromo oder Tibius?[161] Denn die Liebe zu den Wissenschaften und gelehrten Kenntnissen, um derentwillen der große Herr dich ins Haus zu nehmen vorgab, liegt ihm am wenigsten am Herzen. Wie kämen auch ein Esel und eine Zither zusammen? So einer wäre mir wohl auch der Mann, der sich über dem eifrigen Studium der hohen Kunst Homers oder der Redekraft Demosthenes' oder Platos großen Ideen abmagerte. Nimm die Gold-und Silbersucht und die ängstliche Sorge um dergleichen Dinge aus seiner Seele, und was übrig bleibt, ist Eitelkeit, Schwäche, Genusssucht, Liederlichkeit, unverschämter Mutwille und gemeine Unwissenheit. Und zu diesem allem braucht er dich freilich nicht. Da du nun einen sehr ansehnlichen Philosophenbart und ein ehrwürdiges Gesicht hast, auch einen griechischen Mantel in wohlgeordneten Falten trägst und man dich allgemein als einen Grammatiker, Rhetoriker oder Philosophen kennt, so dünkt es ihn zweckmäßig, dich unter sein Gefolge zu stecken, um auch einen Gelehrten zu haben. Denn so wird man ihn, denkt er, für einen Freund griechischer gelehrter Bildung und überhaupt für einen Verehrer des Wahren und Schönen halten. Ist es also nicht so, mein Freund, dass du nicht deine hohe Wissenschaft, sondern nur deinen Bart und deinen Mantel vermietet? Aus diesem Grund darfst du dich nie von seiner Person entfernen, sondern musst den

161 Typische Sklavennamen.

Leuten als sein steter Begleiter auffallen. Vom frühesten Morgen an musst du dich zu diesem Schanddienst hergeben, du darfst deinen Posten keinen Augenblick lang verlassen. Bisweilen fällt es ihm ein, dir die Hand zu reichen, um den nächstbesten Unsinn, der ihm auf die Zunge kommt, an dich hinzuschwatzen, damit die Vorübergehenden denken sollen, der vornehme Herr könne nicht einmal auf der Straße seine gelehrten Studien vergessen und wisse auch die Muße des Spazierengehens zu einem löblichen Zweck zu verwenden.

(26) Und so musst du armer Freund bald im Trab, bald im Schritt, bergauf und bergab (denn so ist die Lage der Stadt beschaffen, wie du weißt), schwitzend und keuchend überallhin nebenherlaufen,[162] und während er sich mit dem Freund, den er besucht, lang und breit unterhält, stehst du (denn ein Sitz wird nicht gereicht) im Vorzimmer, ziehst ein Buch heraus und fängst vor Langeweile zu lesen an. So kann die Nacht herbeikommen, ehe du einen Bissen zu essen oder etwas zu trinken bekommen hast. Nun musst du noch in aller Eile und ganz zur Unzeit ein Bad nehmen, um doch wenigstens noch vor Mitternacht an der Tafel zu erscheinen. Aber nun ist es nicht mehr wie beim ersten Mal, da man dich in Ehren hielt, als die Augen aller Anwesenden auf dich gerichtet waren. Jetzt heißt es, wenn irgendein neuer Gast kommt: Platz gemacht! Am Ende wirst du in den äußersten Winkel des Saales gedrängt, wo sich jeder schämen würde zu sitzen. Dort bist du ein bloßer Zuschauer, wie die Schüsseln in die Runde gehen. Denn bis sie an dich kommen, enthalten sie höchstens noch ein paar Knochen, die du abnagen darfst, oder hie und da ein leeres Malvenblatt, in welches ursprünglich

162 Während der reiche Herr auf dem Tragsessel sitzt.

irgendein guter Bissen gewickelt war und welches du aus Heißhunger ableckst, während es deine Vorgänger aus Verachtung liegen gelassen haben. Die verächtliche Behandlung aber, die du hier erfährst, erstreckt sich auf alle Gebiete: Nicht einmal ein ganzes Ei lässt man dir zukommen (versteht sich, es musste ja gar nicht sein, dass du von allem habest, was Gästen und Fremden vorgesetzt wird; dieses zu verlangen würde dir als undankbare Anmaßung ausgelegt werden). Werden z. B. Hühner aufgetischt, so wird das fetteste und schwerste dem Herrn des Hauses vorgelegt, und du erhältst entweder das kleinste zur Hälfte oder, um die Beleidigung noch offenkundiger zu machen, eine zähe Holztaube. Und wenn, was nicht selten geschieht, während der Mahlzeit ein weiterer Gast eintritt, für den es nicht reichen würde, so nimmt der Diener, was dir vorgesetzt war, ohne Weiteres weg, indem er dir ins Ohr flüstert: »Du gehörst ja zum Hause.« Und er eilt damit an den Platz des Neuankömmlings. Gibt es endlich ein Wildferkel oder einen Hirschbraten zu verteilen, so musst du am Vorleger einen ganz besonders guten Freund haben, wenn du nicht einst, wie Zeus von Prometheus, mit Knochen und etwas Fett darüber abgespeist werden willst. Und dass nun die Schüssel vor deinem Vormann so lange stehen bleibt, bis er sich über Genüge versehen hat, bei dir hingegen so schnell wie möglich vorbeieilt – sollte das nicht einen Mann von guter Herkunft, und wenn er auch nicht mehr Galle als eine Hirschkuh hätte, aufs Äußerste empören? Noch habe ich dir nicht gesagt, dass, während die anderen einen alten und sehr angenehmen Wein trinken, du allein mit einem schlechten und trüben vorliebnehmen musst. Du hast also immer darauf bedacht zu sein, ein goldenes oder silbernes Trinkgefäß zu bekommen, damit nicht die Farbe deines Weins verrate, welch ein gering geachteter Gast du bist. Doch möchte dein Getränk auch noch so schlecht sein, wenn du wenigstens nach Durst davon bekämest! So aber fordere ein um das andere Mal, der Bedienstete ist

als wäre er taub.[163]

(27) Vieles also, ja man kann sagen, alles an einer solchen Tafel wird für dich zur Quelle des Verdrusses. Kränkender noch als alles Bisherige muss es für dich sein, wenn einem verdorbenen Jungen, der sich zu schändlichen Diensten hergibt, einem Tanzmeister oder einem liederlichen Bürschchen aus Alexandria, der ionische[164] Buhlerliedchen zu singen weiß, weit mehr Ehre angetan wird als dir. Aber wie könntest du auch eine Auszeichnung erwarten, die nur Leuten zuteilwird, die so verführerische Talente haben und geheime Liebesbriefchen so geschickt zuzustecken wissen? Du drückst dich also vor Scham und Unmut in den äußersten Winkel des Saales, seufzest über dein Missgeschick und klagst Fortuna an, dass sie dir von der Gabe zu gefallen auch nicht das Mindeste beschieden hat. Wie gerne wolltest du, denke ich, solche Liebesliedchen verfertigen oder wenigstens die Gabe besitzen, die von anderen verfertigten artig abzufangen! Denn dass nur durch solche Dinge Beifall und Geltung erworben wird, ist dir nun deutlich genug geworden. Ja es käme dir nicht darauf an, wenn es sein müsste, sogar die Rolle eines Zauberkünstlers oder eines der Wahrsager zu spielen, welche reiche Erbschaften, hohe Ehrenstellen und unermessliche Reichtümer versprechen. Denn du siehst, wie gut es solchen Leuten in den Häusern der Großen geht und wie sehr sie dort in Ehren gehalten werden. Allein, so gerne du

163 Homer, Ilias, 23,430.

164 Ionisch bezieht sich auf das Versmaß, das bekannt war für eher unanständige Lieder.

auch einer von jenen sein wolltest, nur um nicht gänzlich als ein unnützes Gerät durchzugehen, – du hast das Unglück, nicht einmal für eine solche Rolle das hinlängliche Talent zu besitzen. Und so bleibt dir nichts übrig, als dich in aller Demut hintansetzen zu lassen und dein Los in der Stille zu beklagen.

(28) Denn wenn es zum Beispiel einem der Sklaven einfällt, dem Herrn zuzuflüstern, du wärst der Einzige gewesen, der seinen Beifall für das Tanzen oder das Zitherspiel des kleinen Lieblings der Frau nicht zu erkennen gab, so könnte das ungut ablaufen. Du musst also, obwohl durstiger als ein Frosch auf dem Trockenen, alle Übrigen mit deinem Beifallsgeschrei ausstechen und sogar oft, wenn die anderen still geworden sind, eine studierte Lobrede nachfolgen lassen, wobei mit Schmeicheleien nicht gespart werden darf. Da sitzt du nun, ein lächerlicher Gast, fürwahr! Du duftest von Wohlgerüchen, bist mit Blumen bekränzt, zu essen und zu trinken aber bekommst du nichts. Du machst eine Figur wie der Grabstein eines kürzlich Verstorbenen, dem das Totenmahl dargebracht wird; man salbt ihn, man bekränzt ihn, aber Wein und Speisen behält man für sich.

(29) Ist vollends der Herr des Hauses eifersüchtig und hat schöne Kinder oder eine junge Frau und du bist nun nicht gar von allen Grazien verlassen, so ist das ein sehr misslicher Umstand, der den Unfrieden sehr bald herbeiführen wird. Große Herren haben gar zu viele Ohren und Augen, die nicht nur sehen, was wirklich ist, sondern, um zu zeigen, dass sie nie schlummern, noch mehr als das gesehen haben wollen. Es muss dir also vorkommen, als befändest du dich an der Tafel eines persischen Großen. Du musst mit immer niedergeschlagenen Augen dasitzen, aus Furcht, einer der Eunuchen möchte deinen Blick

erlauschen, den du auf eine der Beischläferinnen deines Herrn wirfst, und ein zweiter, der schon mit gespanntem Bogen in Bereitschaft steht, möchte den frevelhaften Blick mit einem Pfeilschuss in deine Backen, während du trinkst, bestrafen.

(30) Die Tafel wird aufgehoben, du entfernst dich, schläfst ein wenig, aber mit dem ersten Hahnenschrei wachst du wieder auf, und nun gehen deine Klagen an: »Ach ich armer, bejammernswürdiger Mensch! Warum verließ ich mein früheres, angenehmes Leben, meine Studien, meine Muße, meine Freunde, meine goldene Freiheit zu gehen, wo und wohin ich wollte, zu schlafen, solange ich Lust hatte? Warum entsagte ich all dem, um mich selbst in diesen Abgrund zu stürzen? Und was habe ich dafür bekommen, all ihr Götter? Wo ist denn nun mein glänzender Lohn? Konnte ich nicht alles, was ich hier habe, und noch mehr als das, auch auf andere Weise erwerben und dabei meine Freiheit und Unabhängigkeit bewahren? Nun bin ich, wie das Sprichwort sagt, der Löwe am Bindfaden,[165] der sich nach Belieben hin und her ziehen lassen muss. Und was mein Ungemach vollendet: Ich weiß mich ebenso wenig in Ansehen zu setzen, wie beliebt und gefällig zu machen. Denn in den Künsten, welche zu diesem Ziel führen, bin ich ein Stümper gegenüber den Leuten, die sich darauf spezialisiert haben. Mein Äußeres ist alles außer einnehmend. Ein lustiger Geselle beim Trinkgelage bin ich nicht und kann es nicht sein. Und ich merke nur gar zu wohl, wie mein Anblick dem Herrn Widerwillen

165 Lukian bezieht sich mit dieser Formulierung auf eine Geschichte, die bei Gellius, Noctes Atticae, 5,14 und Aelianus, Tiergeschichten 7,48 berichtet wird. Ein Löwe beschützt einen Menschen im Zirkus. In der Gellius-Fassung führt dieser ihn darauf an einem Bindfaden durch die Stadt.

erregt, zumal wenn ich angenehmer sein will, als es mir gegeben ist. Ich bin für ihn nun einmal ein sauertöpfischer Mensch. Und ich weiß nimmermehr, wie ich es angehen müsste, um ihm zu passen. Bleibe ich ernst, wie es meine Art ist, so bin ich ungenießbar, um nicht zu sagen: abscheulich. Setze ich hingegen eine lächelnde Mine auf und suche möglichst gefällige Züge in mein Gesicht zu legen, so komme ich ihm so verächtlich und widerwärtig vor, dass er mich anspeien möchte. Und mein Benehmen ist auch wirklich nicht anders, als wenn einer eine komische Rolle in einer tragischen Maske spielen wollte. Und am Ende – welches andere Leben hoffe ich Tor mir selbst zu leben, wenn ich das gegenwärtige an einen anderen verkauft habe?«

(31) Unter diesem Selbstgespräch vernimmst du das Zeichen zum Aufstehen, und nun geht die Reihe deiner Dienstverrichtungen von vorne los. Du musst wieder herumlaufen und stehen und darfst, wenn du in diesen Strapazen ausdauern willst, ja nicht vergessen, dir zuvor die Hüften und Kniekehlen kräftig einzuschmieren. Abends bei der Tafel ist es wieder wie gestern und dauert so lange wie gestern. Diese, von deiner früheren so verschiedene Lebensweise, der Mangel an Schlaf, das viele Schwitzen und die tägliche Ermattung untergraben allmählich deine Gesundheit. Es entwickelt sich entweder Auszehrung oder die Lungensucht oder der Gliederschmerz oder gar das liebe Podagra.[166] Doch hältst du aus, solange du kannst. Und so nötig es oft wäre, dass du dich zu Bett legtest, so ist dir doch nicht einmal dies vergönnt. Man hielte es für eine vorgeschützte Krankheit und meinte, du wolltest dich deinen Pflichten entziehen. All das macht,

166 Fußgicht.

dass du beständig blass bist und einem Halbtoten ähnlicher siehst als einem Lebenden.

(32) So ist das Leben in der Stadt beschaffen, mein Freund. Von den Auftritten aber, die du zu erwarten hast, wenn es auf Reisen geht, will ich nur einen einzigen erwähnen. Es regnet heftig; du bist der Letzte, der an die Reihe kommt abzufahren – denn es ist nun einmal dein Los, überall der Letzte zu sein – du stehst und wartest, bis am Ende keine Gelegenheit mehr zum Fahren für dich da ist. Da packt man dich mit dem Koch oder dem Haarkräusler der Herrin des Hauses zusammen, ohne dir auch nur ein erträgliches Lager aus Laub unterzustreuen.

(33) Ich kann mich hier nicht enthalten, dir ein lächerliches Abenteuer zu erzählen, welches dem Stoiker Thesmopolis[167] begegnete, wie ich aus seinem eigenen Mund habe, und das in der Tat jedem anderen in dieser Lage begegnen könnte. Er war als gelehrter Hausfreund bei einer reichen Frau angestellt, die unter sehr großem Aufwand eines der angesehensten Häuser der Stadt führte. Einst fuhr man aufs Land, und gleich die erste Neckerei, die er zu erleiden hatte, war, dass sich neben ihn, den ehrwürdigen Philosophen, ein Liebesknabe, eine der unmännlichsten Kreaturen, setzen musste. Dieser Liebesknabe galt, wie du dir vorstellen kannst, sehr viel bei dieser vornehmen Dame und führte den Namen Chelidonion.[168] Nun denke dir den griesgrämigen, graubärtigen Alten mit seinem ehrwürdigen langen Bart – welche Figur der neben dem geschminkten und bemalten weibischen Buschen machte, der immer den Kopf wie eine freche Dirne hin und her warf und – beim Herakles – eher einem Geier,

167 Sonst nicht bekannt.
168 Schwälbchen (ein Hetärenname).

dem man die Barthaare um den Hals ausgerauft hat, als einer Schwalbe ähnlich sah. Und hätte ihn Thesmopolis nicht aufs Inständigste gebeten, so hätte er sich mit einer Frauenhaube[169] auf dem Kopf neben unseren Philosophen auf den Wagen gepflanzt. Den ganzen Weg über ward er ihm mit seinem Trillern und Zwitschern beschwerlich, und nur mit Gewalt hatte er ihn zurückhalten können, dass er nicht auf dem Wagen zu tanzen anfing. Allein, noch etwas weit Schlimmeres wurde dem guten Alten aufgeladen.

(34) Die Herrin ließ ihn zu sich rufen und sprach zu ihm: »Lieber Thesmopolis, du könntest mich dir sehr verpflichten, ich habe eine große Bitte an dich, aber nicht wahr, du schlägst sie mir nicht ab und lässt dich nicht lange bitten?« Natürlich erbietet sich Thesmopolis zu allen Diensten. »Nun siehst du«, fährt seine Gebieterin fort, ich weiß, dass du ein gutgesinnter, sorgsamer und liebreicher Mann bist. Daher bitte ich recht schön, nimm hier mein Hündchen, die Myrrhina, zu dir in den Wagen, und gib mir doch ja auf sie Acht, dass es ihr an nichts fehle. Sie ist trächtig, das arme Geschöpf, und ihre Zeit ist recht nahe. Die ungehorsamen Schlingel da, die Bedienten, machen sich ja aus mir selbst nicht viel unterwegs, wie viel weniger werden sie sich um das arme Tierchen kümmern? Glaube mir also, du wirst mir keinen kleinen Gefallen tun, wenn du das allerliebste Hündchen, das mir so sehr am Herzen liegt, in deine Obhut nehmen willst.« Dass sie ihre Bitten nicht noch mit Tränen begleitete, war alles. Und so konnte Thesmopolis nicht anders, als ihr zu versprechen, es zu tun. Das war denn die lustigste Szene der Welt, wie das Hundegesichtchen aus seinem Mantel unter dem langen

169 Die eigentlich nur zur feinen Garderobe gehörten.

Bart hervorguckte, während der gute Mann ein um das andere Mal angepisst wurde (ein Umstand, dessen er sich freilich nicht erwehrte), und wie es nach Malteser-Art mit seinem hellen Stimmchen bellte und den Philosophenbart leckte, an welchem vielleicht hier und da noch einige Spuren der gestrigen Abendmahlzeit hängen geblieben waren. Sein Reisegefährte, der Liebesknabe, der gewöhnlich an der Tafel seine lustigen Einfälle auf Kosten der Gäste preisgab, ergriff nun die nächste Gelegenheit, seinen Witz auch an Themopolis auszulassen, indem er sagte: »An Themopolis habe ich weiter nichts auszusetzen, als dass neuerdings aus dem Stoiker ein Kyniker geworden ist. Man sagt sogar, die Hündin hätte unter seinem Philosophenmantel Junge geworfen.«

(35) Solcher Mutwille oder vielmehr Übermut wird mit den guten Hausgelehrten getrieben, die man allmählich daran gewöhnt hat, sich alles gefallen zu lassen. Ich kenne einen gewissen Rhetor, einen Mann von Geist, der einst aufgefordert wurde, an der Tafel eine Rede aus dem Stegreif zu halten. Er tat es, und wirklich war sein Vortrag alles andere als ungeschickt, sondern im Gegenteil sehr kraftvoll und gediegen. Als er zu Ende war, ertönte lauter Beifall, nicht wegen der Rede selbst, sondern weil man sie statt mit Wasser mit einem Eimer Wein gemessen hatte.[170] Und dieses Wagestückchen musste er sich, wie es heißt, um den Preis von 200 Drachmen zumuten lassen. Doch solche Späße möchten ja noch gehen. Aber wenn der reiche Herr selbst ein Dichter oder Geschichtsschreiber sein will und seine Ergüsse an der Tafel deklamiert, dann gilt es zu loben, alles herrlich zu finden,

170 Redner sprachen gewöhnlich nach der Wasseruhr. Der rohe Spaß bestand darin, dass einige Trinker, während der Rhetor sprach, eine Amphore Wein leerten.

auf immer neue Wendungen für Schmeicheleien zu sinnen, selbst wenn man darüber bersten möchte. Manche sind unter ihnen, die wegen ihrer Schönheit bewundert werden wollen, einen solchen Gecken musst du einen Adonis oder Hyakinthos[171] schelten, wenn er gleich eine ellenlange Nase hätte. Denn unterließest du deine Lobsprüche, so würde dies als Beweis für Neid und gefährlichen Widerwillen gegen deinen Herrn angesehen werden, und du hättest das Schicksal eines Philoxenos zu erwarten.[172] Fällt es einem solchen ein, Philosoph oder Redner sein zu wollen, so muss man ihn als solchen durchgehen lassen, und so viele Sprachschnitzer er auch begehen mag, so ist doch alles, was er spricht und schreibt, von attischer Feinheit und hymettischen Honigs, und so wie er zu sprechen und zu schreiben, muss hinfort Gesetz sein.

(36) Gleichwohl könnte dies alles, wenn es nur bei den Männern stattfände, noch erträglich gefunden werden. Allein es gibt auch Frauen, die viel darauf geben, einen Gelehrten in Sold zu haben und neben ihrer Sänfte hergehen zu lassen. Denn auch darin glauben sie, ein Mittel gefunden zu haben zu gefallen, wenn es von ihnen heißt, sie wären hoch gebildet, wären Freundinnen der Philosophie und machten Gedichte, die denen Sapphos[173] nur

---

171 Zwei wegen ihrer Schönheit berühmte junge Männer der griechischen Mythologie.

172 Der Tyrann Dionysios von Syrakus bildete sich ein, ein Dichter zu sein und schrieb Tragödien. Von seinen Höflingen, deren er eine große und bunte Menge um sich versammelt hatte, wurden seine Verse gelobt, nur nicht von Philoxenos. Dieser wurde in die Steinbrüche von Syrakus gesteckt, aber der Tyrann verzieh im bald wieder, beorderte ihn an den Hof zurück und las ihm erneut Verse vor. Darauf soll Philoxenos gebeten haben: »Bringt mich wieder in den Steinbruch!«

173 Sappho von Lesbos, griechische Dichterin des 6. Jhs. v.Chr.

um weniges nachstünden. Daher führen auch sie ihre Rhetoren, Grammatiker und Philosophen mit sich. Was aber das Lustigste ist: Sie hören die Vorträge ihrer Gelehrten nur am Putztisch, während sie ihre Haare flechten lassen, oder an der Tafel. Denn sonst haben sie keine Zeit. Da kann es dann oft der Fall sein, dass, während der Philosoph in einer moralischen Abhandlung begriffen ist, eine Zofe eintritt und der Gebieterin ein Briefchen ihres Geliebten aushändigt. Nun muss der Sittenlehrer stehen und warten, bis diese ihrem Buhlen eine Antwort geschrieben hat, und dann erst hüpft sie wieder herbei, um den Rest der Tugendpredigt anzuhören.

(37) Sind denn endlich nach langem Harren die Kronia[174] oder die großen Panathenäen[175] herangerückt und soll dir irgendein armseliges Oberkleid oder eine halb durchsichtige Tunika als Geschenk dargebracht werden, so wird wegen dieser Kleinigkeit ein gewaltiges, großes Aufheben gemacht. Zuerst kommt einer, der im Vorbeigehen gehört hat, wie der Herr zurate ging, was er dir geben sollte. Der »Bote« ist eiligst herbeigelaufen, um dir diese angenehme Nachricht zu bringen und – sein reichliches Trinkgeld zu holen. Am Morgen des Festtages erscheinen dann wenigstens dreizehn Personen mit dem Geschenk selbst, und jeder derselben wie dir gar viel zu erzählen, wie er deswegen manche Worte habe verlieren, wie er den Herrn habe daran erinnern müssen. Jeder will der gewesen sein, der beauftragt war, dir ein Kleid auszusuchen, und erklärt, wie er das Schönste ausgesucht habe. Alle

174 Erntefest ähnlich der Fastnacht zu Ehren des Kronos mit vorübergehendem Rollentausch zwischen Herren und Sklaven.

175 Fest zu Ehren der Athene, die kleinen P. wurden jährlich gefeiert, die großen alle fünf Jahre, nach dem modernen Kalender etwa im Juli oder August.

gehen also beschenkt davon, und gleichwohl brummen sie, du hättest ihnen zu wenig gegeben.

(38) Was dein Gehalt betrifft, so wird es dir in ganz kleinen Portionen, zu zwei oder vier Obolen ausbezahlt, die du aber nicht fordern darfst, indem dir dies als lästige Zudringlichkeit ausgelegt würde. Um also doch etwas zu erhalten, musst du dich zuerst bei dem Herrn selbst aufs Schmeicheln und Bitten verlegen, sodann dem Haushofmeister recht schön tun, was wieder eine ganz neue Art von Kriecherei erfordert. Ebenso wenig darfst du einen der alten Hausfreunde und Ratgeber deines Herrn vernachlässigen. Und was du endlich auf diese Art erhältst, bist du inzwischen längst dem Kleintrödler, Schuster oder Arzt schuldig geworden, und so bist du um nichts reicher, als wenn du gar nichts bekommen hättet.

(39) So wenig beneidenswert aber diese deine Lage ist, so ist doch immer die Missgunst vieler Leute wider dich rege, deren Verleumdungen nachgerade bei deinem Herrn ein immer geneigteres Ohr finden, je mehr er sieht, wie dich die unaufhörlichen Mühseligkeiten unbrauchbar zu machen anfangen. Denn es kann nicht ausbleiben, dass dich dieser Sklavendienst allmählich aufreibt, du wirst kraftlos und lahm, das Podagra beschleicht dich unbemerkt. Die Blüten und Früchte deiner besten Jahre hat er gepflückt, deine brauchbarsten Kräfte hast du in seinem Dienst verzehrt, und da du nun, einem abgetragenen und halb zerfetzten Gewand gleich, zu nichts mehr gut bist, sieht er sich um, in welchen Schmutzwinkel er dich werfen wolle, um einen anderen, der jene Mühseligkeiten besser aushalten kann, anzunehmen. Da bedarf es dann bloß irgendeiner aus der Luft gegriffenen Beschuldigung, etwa, dass du alter Mann einen Knaben des Hauses verführt hättest oder eine junge Zofe der Frau um ihre Unschuld

hättest bringen wollen – dies ist genug, um dich bei Nacht und Nebel und Hals über Kopf aus dem Haus hinauszuwerfen. Da stehst du nun, ratlos und von aller menschlichen Hilfe verlassen, altersschwach und obendrein mit einem heftigen Podagra belastet. All dein früheres Wissen hast du in dieser Zeit natürlich verlernt; du schleppst dich mit einem ungeheuren Hängebauch und einem weiten Magen, den du weder füllen noch mit guten Worten abspeisen kannst, dahin, und dein Gaumen, der nach wie vor seine gewohnten Forderungen stellt, ist gewaltig unzufrieden mit den Entbehrungen, die er lernen soll.

(40) Einen neuen Herrn, der dich in sein Haus nehme, findest du nicht: denn du stehst bereits in den Jahren, da man dich mit einem alten Pferd vergleichen möchte, an dem nicht einmal mehr die Haut zu gebrauchen ist. Zudem hat die Verstoßung aus jenem Haus gar sehr deinem guten Ruf geschadet. Und wie man immer gern das Schlimmere vermutet, so heißt es, du seist ein Ehebrecher, ein Giftmischer oder dergleichen. Ein Ankläger findet allen Glauben, noch ehe er ein Wort gesprochen hat. Du bist ja ein Grieche, also ein Mensch ohne Charakter und zu jedem Schurkenstreich fähig. Denn diese Meinung haben sie in Rom nun einmal von uns allen gefasst.[176] Und in der Tat, es ist ihnen eben nicht so sehr zu verdenken. Wirklich glaube, ich der Ursache des üblen Rufs, in welchem wir bei ihnen stehen, auf den Grund gekommen zu sein. Es gibt gar zu viele Griechen, welche sich, weil sie nichts Tüchtiges gelernt haben, in den Häusern der Reichen einschleichen unter der Vorgabe, sie verstünden sich aufs Wahrsagen, Zaubern und Giftmischen und besäßen die Kunst, in geliebten Personen Gegenliebe zu erwecken

176 Das deutet sich z.B. in Ciceros Rede Pro Flacco an.

sowie den Feinden alles Unheil aufs Haupt zu senden. Diese Menschen nennen sich Gelehrte, kleiden sich in der Tracht der Philosophen und wissen sich mit langen Bärten ein besonders ehrwürdiges Aussehen zu geben. Ist es da ein Wunder, wenn die Römer von allen Griechen die gleiche schlechte Meinung gewinnen, da sie diejenigen, welche sie für die Weisesten und Besten unter allen halten, als so schlechte Burschen kennenlernen, zumal, wenn deren verdorbene Schmeichler- und Schmarotzernatur, die sich an der Tafel und bei allen anderen Gelegenheiten kundtut, und ihre sklavische, nur auf Gewinn erpichte Sinnesart beobachten?

(41) Dass sie aber diejenigen, welche sie aus ihren Häusern stießen, ganz besonders hassen und, wenn sie können, auf jede Weise zu verderben suchen, ist wohl sehr begreiflich. Denn sie können sich vorstellen, dass Menschen, von denen sie so genau gekannt, in ihrer ganzen Blöße so oft gesehen worden sind, alle geheimen Schwächen ihrer Natur unter die Leute bringen werden. Das ist es, was sie ängstigt. Diese Herren gleichen insgesamt jenen prächtigen Bücherrollen, die mit goldenen Knöpfen und auf der Außenseite mit den schönsten Purpurfarben prangen – öffnet man sie aber: Was findet man dann? Thyestes' Geschichte, wie er seine eigenen Kinder verzehrt, die des Oidipos, wie er mit seiner Mutter Blutschande betreibt, oder die des Tereus, wie er zwei Schwestern auf einmal notzüchtigt. Gerade so ist es mit vielen Großen: Ihr glänzendes, goldenes und purpurnes Äußeres birgt so viel Abscheuliches, dass man bei einem jeden derselben, wollte man sein Inneres aufrollen, genug Stoff zu einer euripideischen oder sophokleischen Tragödie finden würde. Ihr eigenes Bewusstsein sagt ihnen dies; daher ist jeder, der ihr Haus verlassen hat und nun vielleicht, weil er sie

genau kennt, ihre Jämmerlichkeiten der Welt zum Besten gibt, ein Gegenstand ihres Hasses und ihrer Verfolgung.

(42) Endlich will ich dir noch, mein lieber Timokles, in der Art des berühmten Lebens-Gemäldes von Kebes[177] ein anschauliches Bild von dieser Lebensart entwerfen. Ein Blick auf dasselbe wird dir sagen, ob du dich zu ihr entschließen sollst oder nicht. Zwar wünschte ich wohl, dass mir ein Apelles, Parrhasios, Aëtion oder Euphranor[178] bei diesem Geschäft zur Hand gingen – allein, da solche wackeren Meister heutzutage selten geworden sind, so begnüge ich mich, dir dies Bild in einfachen Umrissen zu geben.

Denke dir also einen, nicht auf ebenem Boden, sondern auf einem Hügel stehendem Tempel mit einer von hohen Säulen getragenen und von Gold schimmernden Vorhalle. Der Zugang ist mühsam, steil und unwegsam, sodass viele, die schon oben zu sein glaubten, im letzten Augenblick dennoch ausglitten und den Berg wieder herabrollten. Im Inneren des Tempels sitzt der Gott des Reichtums, mit Gold ganz überdeckt, recht schön und reizend anzusehen. Sein Liebhaber, der mit Mühe endlich die Anhöhe erklommen hat und nun vor dem Eingang steht, hält den Blick unverwandt und wie bezaubert auf das viele Gold gerichtet. Da fasst ihn die Hoffnung in Gestalt einer schönen Jungfrau in buntem Gewand bei der Hand und führt ihn ins Innere, wo mit jedem Schritt sein Erstaunen wächst. Dort nehmen ihn, während die Hoffnung immer vor ihm hergeht, zwei andere weibliche Wesen in Empfang, die Täuschung und die Knechtschaft, von denen er sodann dem Genius der Mühe übergeben wird. Dieser lässt den

177 Ein Schüler des Sokrates aus Theben, der auch in Platons Dialogen vorkommt.

178 Berühmte Maler und Bildhauer.

Armen sich tüchtig abarbeiten und liefert ihn am Ende, wenn er Gesundheit und gute Farbe verloren hat, an das Alter aus, von welchem ihn die Verachtung in Empfang nimmt, um ihn zuletzt der Verzweiflung zuzutreiben. Die Hoffnung hat sich inzwischen unsichtbar gemacht, und er selbst, der arme Betrogene, wird nicht durch das goldene Portal, zu dem er hereingekommen ist, sondern durch eine dreckige Hintertür hinausgestoßen. Und wie er nun so draußen steht, nackt, mit einem Hängebauch, sein Blöße mit der Linken bedeckend und mit der Rechten sich wie ein Rasender an der Kehle packend, kommt ihm die Reue entgegen, um mit ihren unnützen Vorwürfen den Bejammernswerten endgültig zu vernichten.

Nun denn, mein bester Timokles, betrachte dieses Gemälde Zug für Zug, und frage dich selbst, ob es dir wohl anstünde, zu der vorderen Tür in die Behausung des Reichtums einzutreten, um zur Hintertür so schimpflich wieder hinausgeworfen zu werden. Übrigens: tu, was du willst, nur vergiss das Wort Platons nicht: »Die Gottheit ist ohne Schuld. Diese liegt in deiner eigenen Wahl.«[179]

179 Plato, Politeia, 10,617e.

Der Parasit oder der Beweis, dass Schmarotzen eine Kunst sei

Inhalt: Simon beweist Tychiades im Stil eines sokratischen Dialogs, dass Parasitik eine Kunst ist.[180]

Gesprächsteilnehmer: Tychiades und Simon, der Parasit.[181]

Tychiades. (1) Höre, Simon, alle Menschen, freie und dienende, haben doch irgendeine Kunst erlernt, mit welcher sie sich und anderen nützen können; nur du allein betreibst, soviel ich sehen kann, gar kein Geschäft, das dir selbst oder irgendeinem anderen dienlich wäre.

Simon. Was willst du damit sagen, Tychiades? Erkläre dich mir deutlicher!

Tychiades. Verstehst du eigentlich irgendeine Kunst, z. B. die Musik?

Simon. Nein.

Tychiades. Oder vielleicht die Heilkunst?

Simon. Auch nicht.

Tychiades. Aber die Geometrie?

Simon. Ganz und gar nicht.

Tychiades. Vielleicht die Redekunst? Denn nach der Philosophie frage ich nicht; von der bist du so weit entfernt wie das Laster selbst.

Simon. O womöglich noch viel weiter. Glaube nicht, mir da etwas gesagt zu haben, was ich noch nicht wusste. Ich

180 Die Urheberschaft Lukians ist bei diesem Text zweifelhaft.

181 In der Komödie taucht der Parasit seit dem 5. Jh. v.Chr. auf.

sage es selbst, ich bin ein Taugenichts, und ein größerer noch, als du selbst glaubst.

Tychiades. Nun ja, da sehe ich gerne zu. Aber vielleicht hast du von jenen Wissenschaften und Künsten nur deswegen keine gelernt, weil sie dir zu schwer und ausgedehnt waren, und vielleicht verstehst du ein Handwerk, bist ein geschickter Zimmermann oder Schuster? Deine Umstände sind doch nicht von der Art, dass dir jede Art von Broterwerb entbehrlich wäre.

Simon. Da hast du allerdings Recht, Tychiades. Und doch verstehe ich auch keines dieser Handwerke.

Tychiades. Nun was denn sonst?

Simon. Was sonst? Eine Kunst verstehe ich allerdings, und zwar eine recht edle, das will ich meinen. Lerne sie nur erst, und ich weiß gewiss, du wirst sie nicht genug zu loben wissen. Mit ihrer Ausübung komme ich jedenfalls ganz gut zurecht. Ob ich dir aber auch ihre Theorie gehörig darstellen kann, weiß ich freilich nicht.

Tychiades. Was ist denn dies für eine Kunst?

Simon. Ich glaube, ihr Wesen selbst noch nicht genug ausgeforscht zu haben, um jetzt schon drüber sprechen zu können. Nimm mir also nicht übel, wenn ich dir bloß sage, ich verstehe eine gewisse Kunst. Welche, sollst du nächstens erfahren.

Tychiades. Ich kann es kaum erwarten.

Simon. Der Name meiner Kunst wird dir vielleicht ganz seltsam vorkommen, wenn ich ihn dir sagen werde.

Tychiades. Umso begieriger bin ich, ihn zu erfahren.

Simon. Ein andermal, Tychiades.

Tychiades. Nein, nein, jetzt gleich, außer wenn du dich deiner Kunst schämen müsstest.

Simon. Sie heißt – die Parasitik.

Tychiades. (2) Wie? Die Parasitik? Wer in aller Welt, der kein Narr ist, wird Schmarotzen eine Kunst nennen?

Simon. Ich, mein Tychiades. Und wenn du glaubst, ich sei ein Narr, so denke, dass eben diese Narrheit schuld daran sei, dass ich keine andere Kunst gelernt habe, und du wirst mich von aller Anklage freisprechen. Denn das Beste an der Göttin der Narrheit ist, so übel sie auch den Leuten, die von ihr besessen sind, mitspielt, doch wohl das, dass sie von allen schlimmen Streichen der Letzteren die Schuld auf sich selbst als die Lehrmeisterin nimmt.

Tychiades. Also ehrlich, es gibt eine förmliche Kunst, die Parasitik?

Simon. Allerdings, und ich selbst habe sie dazu gemacht.

Tychiades. Und du bist demnach ein Parasit?

Simon. Das soll vermutlich geschimpft sein?

Tychiades. Wie? Du errötest nicht einmal, dich selbst einen Schmarotzer zu nennen?

Simon. Durchaus nicht. Ich würde mich vielmehr schämen, wenn ich's nicht könnte.

Tychiades. So sage doch in aller Welt, wenn jemand wissen wollte, wer du bist, und wir wollten dich mit ihm bekannt machen, so müssten wir sagen, du wärest Simon, der Parasit?

Simon. Ebenso wie ihr sagt »Phidias der Bildhauer«. Ich bin wahrlich nicht minder stolz auf meine Kunst, als Phidias auf seinen Zeus.[182]

Tychiades. [Nach einigem Nachdenken] Aber das muss lustig sein. Hahaha!

Simon. Nun was denn?

Tychiades. Wenn man in Zukunft die Briefe an dich überschreiben wird: An den Parasiten Simon.

182 Die berühmte Statue in Olympia.

Simon. Du sollst mir, wo möglich, damit noch mehr schmeicheln als dem Dion,[183] wenn man auf seine Briefe setzt: An den Philosophen Dion.

Tychiades. (3) Nun, wie du dich am liebsten nennen hörst, daran liegt mir wenig oder nichts, aber die übrigen Widersprüche, die wollen wir doch näher untersuchen.

Simon. Welche denn?

Tychiades. Sollen wir denn wirklich diese angebliche Kunst in die Reihe der eigentlichen Künste setzen, sodass wir also sagen müssten, die Parasitik ist ebenso eine Kunst wie Grammatik und Musik und dergleichen?

Simon. Ich glaube vielmehr, Tychiades, die Parasitik verdient diesen Namen noch viel mehr als irgendeine andere. Wenn du Lust hast, mich anzuhören, so will ich dir meine Ansicht darüber mitteilen, wiewohl ich, was ich dir vorhin schon sagte, gar nicht sonderlich darauf vorbereitet bin.

Tychiades. Macht nichts, wenn nur wahr ist, was du sagst. Ausführlichkeit verlange ich nicht.

Simon. Wir wollen also vorerst die Frage erörtern, was Kunst überhaupt sei. Denn nur so kann man auf eine einzelne Kunst übergehen, um zu sehen, ob auf sie der allgemeine Begriff anwendbar ist.

Tychiades. Nun, was ist dein Begriff von Kunst? Du weißt ihn doch wohl?

Simon. Allerdings.

Tychiades. (4) So zögere nicht länger, ihn zu sagen.

---

183 Ein Philosoph, der in der Zeit Vespasians und Trajans in Rom lebte und vor allem Platons Philosophie vertreten haben soll. Hier kann aber auch ein anderer, unbedeutender Dion gemeint sein, der den Namen weniger verdiente.

Simon. Kunst ist, wie ich von einem Philosophen[184] gehört zu haben erinnere, ein System von Kenntnissen, die in Ausübung treten zu irgendeinem für das Leben nützlichen Zwecke.

Tychiades. Du hast die Definition deines Philosophen gut behalten.

Simon. Wenn nun dies alles auch auf meine Parasitik passt, was wird sie dann anderes sein als eine Kunst?

Tychiades. Unstreitig, wenn jenes der Fall ist.

Simon. Vergleichen wir also die Schmarotzerkunst mit jedem Einzelnen der angegebenen Merkmale der Kunst überhaupt und untersuchen, ob sich diese Merkmale mit dem Begriff von jener vereinbaren lassen und ob sie nicht wie die schlechten Töpfe, wenn man auf sie schlägt, unreine Töne von sich geben. Sie muss wie jede andere Kunst ein System von Kenntnissen sein. Vor allen Dingen muss der Parasit verstehen, wie die Leute gehörig zu prüfen und zu beurteilen seien, wer der Mann ist, von dem er sich, ohne es bereuen zu müssen, füttern lassen könne. Wenn wir zugeben müssen, dass der Wechsler im Besitz einer eigenen Kunst sei, vermöge welcher er die falschen Münzen von den echten zu unterscheiden weiß – wie sollte es dann keiner Kunst bedürfen, wenn der Parasit die unbrauchbaren Leute von den guten unterscheiden soll, zumal da die Merkmale bei den Menschen nicht so zutage liegen wie bei den Münzen? Beklagt sich darüber ja doch schon der weise Euripides, wenn er sagt:

Dem schlechten Mann hat kein Merkmal die Natur,
woran er leichthin erkennbar wäre, aufgedrückt.[185]

184 Nach dem römischen Rhetoriklehrer Quintilian, Institutiones, 2,17, ist dies die gewöhnlichste Definition von Kunst.

185 Euripides, Medea 518 f.

Umso größer ist also die Kunst des Parasiten, da er so versteckte und unsichtbare Dinge, besser noch als selbst ein Prophet, durchschaut und kennt.

(5) Ferner zu wissen, was man jederzeit Geschicktes zu sagen und zu reden hat, um sich dem Tischherrn immer näherzubringen und ihm seine Ergebenheit zu bezeugen, ist das nicht eine Sache tüchtiger Wissenschaft und Einsicht? Was meinst du?

Tychiades. Du magst recht haben.

Simon. Und bei den Mahlzeiten selbst immer allen Vorteil auf seiner Seite zu haben und dennoch lieber gesehen zu sein als die, welche dieselbe Kunst nicht besitzen – glaubst du denn, dass sich dies ohne ein gewisses kunstgerechtes Studium bewerkstelligen ließe?

Tychiades. Ich denke nicht.

Simon. Oder meinst du vielleicht, die Vorzüge und Fehler jedes einzelnen Gerichts lassen sich von jedem Pinsel nur so zum Zeitvertreib kennenlernen? Sagt nicht schon der göttliche Plato: »Wer als Gast speist und von der Kochkunst nichts versteht, wird über die aufgetischten Speisen ein minder zuverlässiges Urteil fällen«?[186]

(6) Dass übrigens die Parasitik nicht bloß ein Inbegriff von Kenntnissen überhaupt, sondern von solchen ist, die in Ausübung zu treten haben, wird dir sogleich einleuchten, denke ich. Bei vielen anderen Künsten können die Kenntnisse oft tage-, monate-, jahrelang ohne Ausübung bleiben, ohne dass deswegen die Kunst bei dem, der sie besitzt, verloren ginge. Die Kenntnisse des Parasiten hingegen richten, wenn sie nicht jeden Tag in Anwendung kommen, wie mir scheint, nicht nur die Kunst, sondern auch den Künstler selbst zugrunde.

186 Platon, Theaitetos.

(7) Was endlich das letzte Merkmal »zu einem für das Leben nützlichen Zweck« betrifft, so wäre es Unsinn, noch zu fragen, ob es sich auch bei der Parasitik finde. Sehe ich doch am ganzen Menschenleben nichts Besseres als Essen und Trinken, ohne welches ja das Leben nicht einmal möglich ist.

Tychiades. So ist es allerdings.

Simon. (8) Die Parasitik ist auch nicht, wie z.B. Schönheit und Leibesstärke, von der Art, dass man sie nicht nur für eine Kunst, sondern auch für ein natürliches Vermögen halten müsste.

Tychiades. Auch das gebe ich dir zu.

Simon. Noch weniger aber ist sie eine Unkunst, denn die Unkunst bringt nie etwas Gehöriges zustande. Wage es einer, ein Schiff durch ein stürmisches Meer zu lenken, ohne das Geringste von der Steuermannskunst zu verstehen – glaubst du etwa, er werde wohlbehalten ans Land kommen?

Tychiades. Keineswegs.

Simon. Und warum nicht? Eben weil er die Kunst nicht besitzt, die ihn erhalten könnte, nicht wahr?

Tychiades. So ist es.

Simon. Also könnte sich auch der Parasit mit seiner Parasitik nicht erhalten, wenn sie eine Unkunst wäre?

Tychiades. Das ist allerdings logisch.

Simon. Die Kunst also ist es, die ihn erhält, die Unkunst nicht?

Tychiades. Eben.

Simon. Die Parasitik ist also eine Kunst?

Tychiades. Eine Kunst, so scheint es wirklich.

Simon. Zudem sind mir mehrere Fälle bekannt, wo selbst vorzügliche Steuermänner Schiffbruch erlitten haben und sehr kunstfertige Kutscher vom Wagen geworfen wurden und Arm und Bein gebrochen oder gar das Leben verloren haben. Aber vom Schiffbruch eines Parasiten wird kein Mensch zu erzählen wissen. Da nun also die Parasitik keine Unkunst noch auch ein natürliches Vermögen, sondern ein System von Kenntnissen ist, die in Ausübung treten, so sind wir von jetzt an darüber einig, dass sie eine förmliche Kunst ist?

Tychiades. (9) Ja, soviel aus dem bisherigen zu schließen ist, schon. Aber nun bist du mir noch eine tüchtige Begriffsbestimmung von der Parasitik schuldig.

Simon. Du hast Recht. Ich glaube, dass sie sich am besten so definieren lässt: Parasitik ist die Kunst, geschickt zu reden, um dafür gespeist und getränkt zu werden, und hat zum Zweck das sinnliche Vergnügen.

Tychiades. Ganz vortrefflich definiert! Nur sieh zu, dass du wegen dieses Zwecks nicht mit gewissen Philosophen Händel bekommst.[187]

Simon. (10) Ich bin zufrieden, wenn sich beweisen lässt, dass das letzte Ziel der Glückseligkeit und das der Parasitik ein und dasselbe ist. Der Beweis aber ist dieser: Der weise Homer rühmt voll Bewunderung das Leben der Parasiten als das einzig glückliche und erstrebenswerte, wenn er sagt:

Denn ich kenne gewiss ein angenehmeres Ziel nicht,
als wenn festliche Freude im ganzen Volk sich verbreitet
und voll vor jedem die Tische stehen
mit Brot und Fleisch und geschöpftem Wein aus dem Krug
und fleißig der Schenk umherträgt und eingießt in die Becher.[188]

---

187 Nämlich mit den Philosophenschulen der Stoiker und Epikureer, die drüber stritten, was das höchste Gut sei.

188 Homer, Odyssee 9,5 ff.

Und als ob er dies alles noch nicht genug gepriesen hätte, fügt er, um seine Gesinnung noch deutlicher auszudrücken, sehr treffend hinzu:

Solches dünkt mich im Geiste die seligste Wonne des Lebens.

Was wird somit an dieser Stelle anderes getan, als das Mitessen zum höchsten Gut erhoben? Und zwar werden diese Worte nicht dem nächsten Besten, sondern dem Klügsten aller Griechen, dem Odysseus in den Mund gelegt. Hätte dieser das höchste Gut der Stoiker anpreisen wollen, so hätte er dies ja ohne Weiteres tun können, als er Philoktet aus Lemnos zurückholte oder als er Ilion verwüstete oder die Griechen, da sie heimkehren wollten, zurückhielt, oder endlich als er sich selbst geißelte und mit armseligen stoischen Lumpen bedeckt nach Troja kam. Allein, dort äußerte er nichts dergleichen. Nicht einmal, da er von der Nymphe Kalypso in das Leben der Epikureer versetzt wurde, als er sich in der Lage sah, seine Zeit in süßem Nichtstun und in sinnlichem Wohlbehagen zu verbringen, die Tochter des Atlas zu beschlafen, kurz in all den weichen und sanften Bewegungen der Lust sich zu wiegen – nicht einmal dies nannte er das angenehmste Ziel, nur das Leben des Parasiten nennt er so. Die Parasiten hießen aber damals Daitymonen, Mitesser. Es heißt also dort, denn die Stelle verdient, dass ich sie wiederhole, damit sie gehörig verstanden werde:

Denn ich kenne gewiss ein angenehmeres Ziel nicht,
als wenn festliche Freude im ganzen Volk sich verbreitet
und voll vor jedem die Tische
stehen mit Brot und Fleisch …

(11) Epikur hat die große Unverschämtheit gehabt, der Parasitik das höchste Gut zu entwenden und dasselbe als

die Glückseligkeit, die er statuiert, darzustellen. Dies ist ein wahres Plagium: denn du wirst dich sogleich überzeugen, dass die Lust gar nicht die Sache des Epikureers, sondern des Parsten ist. Nach meiner Ansicht besteht nämlich die Lust in einem Zustande, da der Körper von allen Beschwerden und das Gemüt von Unruhe und Leidenschaften frei ist. Beides findet nur bei dem Parasiten statt, bei dem Epikureer weder das eine noch das andere. Denn indem dieser grübelt über die Gestalt der Erde, über die Unbegrenztheit des Weltalls, über die Größe der Sonne und ihre Abstände, über die Urelemente, das Dasein der Götter, und mit seinen Gegnern in beständigem Zanke lebt, sogar wegen seines höchsten Gutes selbst, so ist er ja umgeben von einer Menge nicht nur menschlicher, sondern auch kosmischer Unruhen. Der Parasit hingegen, zufrieden mit den Dingen wie sie sind, und in dem Glauben lebend, dass die Welt gar nicht besser sein könnte, als sie ist, lebt in der ungestörtesten Sorglosigkeit, lässt sich nicht anfechten, isst und trinkt, schläft sodann und streckt alle viere von sich, wie weiland Odysseus, als er auf seinem Schiff nach Hause fuhr.

(12) Doch nicht bloß dieser Grund allein ist es, warum ich den Epikureern die Lust abspreche. Epikur sei er nun als Philosoph so groß wie er wolle, hat er entweder zu essen oder nicht. Hat er nichts, so kann er gar nicht leben, geschweige denn mit Lust. Hat er etwas, so hat er es entweder von sich oder von einem anderen. Bekommt er von einem anderen zu essen, so ist er ein Mitesser und nicht das, wofür er sich ausgibt. Hat er sein Essen von sich selbst, so lebt er nicht mit Lust.

Tychiades. Warum denn nicht?

Simon. Wenn er es von sich selbst hat, so muss seine Lebensweise eine Menge an Unannehmlichkeiten im Gefolge haben, mein lieber Tychiades. Wer angenehm leben will, soll doch wohl im Stande sein, alle seine Gelüste, so wie sie ihn anwandeln, sogleich zu befriedigen, nicht wahr?

Tychiades. So scheint es.

Simon. Das kann aber doch nur der, der viel hat, nicht aber der, der wenig oder nichts hat. Der Arme kann also nie ein Weiser werden, den er kann zu dem höchsten Gute, den Vergnügen nämlich, nie gelangen, aber ebenso wenig kann auch der Reiche dazu gelangen, wenn ihn sein Vermögen auch noch so reichlich in Stand setzt, allen seinen Gelüsten zu dienen. Und warum? Weil notwendigerweise derjenige, welcher von seinem Vermögen Aufwendungen macht, sich eben dadurch unzählige Widerwärtigkeiten zuzieht. Bald muss er sich mit seinem Koch, der den Braten verdorben hat, herumzanken oder, wenn er dies nicht will, sich gefallen lassen, dass er schlecht zu essen kriegt und um sein höchstes Gut kommt, bald muss er mit dem Verwalter, wenn dieser nicht gut wirtschaftet, Händel anfangen usw. Ist es nicht so?

Tychiades. Ich meine schon.

Simon. Dasselbe muss auch bei Epikur der Fall sein, sodass er nie des höchsten Gutes teilhaftig werden wird. Der Parasit hingegen hat keinen Koch und keinen Verwalter, die ihn erzürnen, keine Landgüter und keine Kostbarkeiten, deren Verlust ihm Verdruss verursachen könnte. Und dennoch hat er zu essen und zu trinken, was er will, ohne von einer einzigen Beschwerlichkeit, welcher jene nicht entgehen können, belästigt zu werden.

(13) Hieraus und aus dem Bisherigen ist nun, glaube ich, hinlänglich bewiesen, dass die Parasitik eine Kunst ist. Nun ist noch übrig zu zeigen, dass sie die beste ist, und zwar erstens, dass sie besser ist als alle übrigen Künste

überhaupt, sodann, dass sie den Vorzug vor jeder Kunst im Einzelnen verdient. Das Erlernen jeder anderen Kunst führt unvermeidlich Mühe und Arbeit, Furcht und Schläge mit sich, Dinge, die gewiss jeder weit von sich wegwünscht. Meine Kunst hingegen ist ohne allen Zweifel die einzige, die sich ohne Arbeit erlernen lässt. Wer ist wohl je von einem Schmaus heulend weggelaufen, wie wir schon manche vor ihrem Meister haben weglaufen sehen? Wer zeige je, wenn er zum Essen ging, ein trauriges Gesicht wie diejenigen, welche zur Schule gehen? Der Parasit, voll Eifer für seine Kunst, geht freiwillig und gerne zu Gast, während die Lehrlinge anderer Künste diese oft nur mit größtem Widerwillen erlernen und vor ihnen davonlaufen. Und kommt hierbei nicht auch das in Betracht, dass Väter und Mütter die Fortschritte ihrer Söhne in den anderen Künsten gerade mit dem belohnen, was der Parasit alle Tage erhält. »Der Junge hat heute recht brav geschrieben; gebt ihm etwas Gutes zu essen. – Er hat heute schlecht geschrieben; gebt ihm nichts.« Siehst du also, welches Gewicht die Sache hat als Strafe und Belohnung?

(14) Alle übrigen Künste aber bekommen das Gute erst nach dem Lernen. Der Genuss ist eine Frucht, zu welcher sie erst auf einem langen und steilen Weg gelangen. Die Parasitik allein ist's, welche beim Lernen schon den Genuss der Kunst gewährt und ihren Zweck schon im Beginnen erreicht. Und alle anderen Künste samt und sonders haben nämlich keine andere Bestimmung, ihren Mann zu ernähren, während der Parasit, sobald er angefangen hat, sich seiner Kunst zu widmen, zugleich auch seinen Unterhalt hat. Der Bauer baut sein Feld nicht um des Bauens an sich, der Zimmermann zimmert nicht um des Zimmerns an sich willen: Der Parasit hingegen verfolgt keine andere Absicht, sondern sein Geschäft ist sogleich sein Zweck.

(15) Ferner: Wer weiß nicht, dass alle anderen Künstler und Handwerker höchstens einen oder zwei Feiertage im Monat haben und sich die ganze übrige Zeit schinden und placken müssen, indem jede Stadt nur einige wenige alljährliche und etliche monatliche Festtage begeht, wo dann die Leute wunders glauben, wie gut sie's haben. Der Parasit aber hat in jeden Monat seine 30 Feiertage, denn jeder Tag ist ihm ein Göttertag.

(16) Wer ferner in irgendeiner anderen Kunst etwas Rechtes leisten will, darf nur wenig essen und wenig trinken, als ob er krank wäre; denn wer viel isst und trinkt, wird zum Lernen schlecht aufgelegt sein.

(17) Sodann gibt es keine Kunst, welche ihrem Besitzer ohne Werkzeuge Dienste leisten könnte. Wer kann Flöten ohne Flöte, Lyra spielen ohne Lyra, reiten ohne Pferd? Einzig die Parasitik ist für den Meister so vortrefflich bequem, dass er sie ohne irgendein Gerät ausüben kann.

(18) Und während man für jede andere Kunst, wie es billig ist, Lehrgeld zahlen muss, bekommt man hier welches.

(19) Die anderen Künste haben jede ihren Lehrmeister. Die Parasitik aber braucht keinen, sie wird wie die Dichtkunst nach Sokrates unmittelbar als göttliches Gnadengeschenk zuteil.

(20) Endlich ist nicht zu vergessen, dass andere Künste auf der Reise, sei es zu Wasser oder zu Lande, gar nicht in Ausübung gebracht werden können. Die Parasitik lässt sich auf Landreisen wie zu Schiff gleichermaßen bequem betreiben.

Tychiades. Ich muss dir in allem recht geben.

Simon. (21) Es scheint mir sogar, als hätten alle übrigen Künste einen gewissen Hang zur Parasitik, während diese zu keiner einzigen derselben Neigung zeigt.

Tychiades. Aber, mein Freund, hältst du es nicht für unrecht, fremdes Eigentum zu nehmen?

Simon. Allerdings.

Tychiades. Nun, der Parasit nimmt ja fremdes Eigentum zu sich. Tut er nicht also Unrecht?

Simon. (22) Ach, das weiß ich jetzt nicht. Genug. Während die Anfänge aller Künste gering und verächtlich sind, ist die Parasitik doch schon in ihrem Ursprung eine sehr edle Kunst, denn du wirst finden, dass dieser Ursprung nichts Geringeres ist als die Freundschaft, dieser hochgepriesene Name.

Tychiades. Wieso?

Simon. Niemand wird ja seinen Feind, niemand einen ihm ganz unbekannten Menschen oder auch nur einen etwas entfernteren Bekannten zu Tisch bitten, man muss erst jemandes Freund geworden sein, um zur Teilnahme an seinen Festmahlen und Schmausen und zu all den Mysterien dieser Kunst zugelassen zu werden. Daher hört man die Leute oft sagen: »Wie sollte der unser Freund sein, da er ja doch nie mit uns gegessen und getrunken hat?« Das sagen sie zum deutlichen Beweis, dass man nur den Tisch- und Zechgenossen für einen treuen Freund zu halten pflegt.

(23) Dass aber diese Kunst auch die königlichste aller Künste ist, wirst du am besten aus Folgendem entnehmen: Wer sonst irgendeine Kunst betreibt, muss unter Schweiß und mannigfachem Ungemach, sitzend oder stehend, arbeiten und ist ganz der Sklave seiner Kunst. Der Parasit hingegen übt die seinige auf Polstern liegend aus, wie ein König.

(24) Und soll ich zum Beweis seines glücklichen Zustandes auch noch das ausführen, dass er allein, um mit dem weisen Homer zu reden,

nirgends bauet mit Händen zu Pflanzungen oder zur Feldfrucht;
ohne des Pflanzens Mühe und des Ackerns erntet er auswärts.[189]

(25) Endlich kann ein Metallkünstler, ein Geometer, ein Rhetor seine Kunst ungehindert ausüben und dabei sonst der größte Stoffel oder der schlechteste Bursche sein. Zum Parasiten aber taugt weder ein ungesitteter Mensch noch ein Dummkopf.

Tychiades. Alle Welt! Welch herrliche Sache ist doch die Schmarotzerkunst! Mich wandelt wahrlich schon die Lust an, ein Parasit zu sein statt dessen, was ich jetzt bin.

Simon. (26) Wie sehr also meine Kunst im Allgemeinen den Vorzug vor allen übrigen verdient, glaube ich genügend dargetan zu haben. Lass uns nun auch sehen, was sie jeder Einzelnen insbesondere voraushat. Es wäre abgeschmackt und hieße die Würde der Parasitik in den Staub zu ziehen, wenn ich sie irgendeinem der gemeinen Handwerke gegenüberstellen wollte. Ich habe nur zu zeigen, dass sie vorzüglicher ist als die wichtigsten und schönsten aller Künste. Nun ist es eine allgemein anerkannte Sache, dass die Rhetorik und die Philosophie diesen Rang behaupten, indem sie ihres hohen Wertes wegen von einigen sogar vorzugsweise Wissenschaften genannt werden. Wenn ich dir also beweisen werde, dass auch diese von der Parasitik bei Weitem übertroffen werden, so wird unschwer zu entnehmen sein, dass zwischen meiner und den übrigen Künsten kein geringerer Unterschied ist als zwischen Nausikaa[190] und ihren Dienerinnen.

---

189 Homer, Odyssee 9,107 f. Homer spricht an dieser Stelle von den Kyklopen.

190 Tochter des Phaiakenkönigs Alkinoos, die vom schiffbrüchigen Odysseus, als sie mit ihren Dienerinnen Wäsche wusch, um Unter-

(27) Vorerst hat sie von beiden hinsichtlich ihres Wesens selbst den großen Vorzug, dass sie als etwas Wirkliches besteht, jene nicht. Die Rhetorik bedeutet nicht allen dasselbe: Einige halten sie für eine Kunst, andere für das Gegenteil, für eine Unkunst, etliche sogar für eine schlimme Kunst, andere wieder für etwas anderes. Ebenso verhält es sich mit der Philosophie: Die eine Ansicht von ihr hat Epikur, eine andere die Stoiker, eine andere die Akademiker, wieder eine andere die Peripatetiker.[191] Kurz, jeder macht sich einen anderen Begriff von der Philosophie, sodass sich die Philosophen bis auf den heutigen Tag nicht einigen konnten und auch ihre Kunst nicht als ein und dieselbe erscheint. Was sich daraus ergibt, liegt, denke ich, auf der Hand. Eine Kunst nämlich ohne bestimmtes Wesen ist gar keine Kunst. Die Arithmetik z.B. ist doch überall nur ein und dieselbe, zwei mal zwei macht vier, bei den Persern ebenso gut wie bei uns. Griechen und Barbaren sind darin ganz eins. Allein der Philosophien sehen wir viele und vielerlei, die weder in ihren Prinzipien noch in ihren Endzwecken miteinander harmonieren.

Tychiades. Da hast du recht. Sie sagen zwar immer, es gibt nur eine Philosophie, aber sie selbst machen viele aus ihr.

Simon. (28) Wenn hie und da in anderen Künsten durchgängige Übereinstimmung vermisst wird, was man damit entschuldigen wollte, dass sie ihrer Natur nach etwas Unentschiedenes zu haben scheinen und dass ihre Begriffe und Lehrsätze nicht unveränderlich dieselben bleiben

---

stützung gebeten wurde. Nausikaa unter ihren Dienerinnen wird dort mit Artemis unter ihren Nymphen verglichen. Alkinoos bot Odysseus an, sie zu heiraten, doch der lehnte aus Treue zu Penelope, seiner Frau, ab.

191 Das sind die vier wichtigsten Philosophenschulen des klassischen Griechenlands.

könnten, so ließe sich diese Entschuldigung allenfalls annehmen. Allein, wer kann sich gefallen lassen, dass die Philosophie, die doch notwendig mit sich eins sein sollte, nicht eins ist und weniger mit sich harmoniert als eine Anzahl verschieden gestimmter Instrumente? Es gibt mehrere Philosophien, ja ich sehe, es gibt ihrer unbestimmbar viele. Allein, es kann ja nur eine Philosophie geben, und mehrere können nicht zugleich existieren: Also gibt es gar keine.

(29) Ebenso leugne ich die Existenz einer Rhetorik. Denn wenn über einen Gegenstand keiner dasselbe sagt wie der andere, sondern ein Kampf der entgegengesetztesten Ansichten stattfindet, so ist dies der deutlichste Beweis, dass es das Ding, von welchem man sich widersprechende Begriffe bildet, gar nicht vorhanden ist. Denn wenn man sich über die Frage, welcher von zwei entgegengesetzten Begriffen einer Sache zukomme, nicht einigen kann, so hebt eben dies die Existenz der fraglichen Sache auf.

(30) Bei der Parasitik ist dies nicht der Fall. Bei Griechen und Barbaren gibt es nach Wesen und Form nur ein und dieselbe Parasitik, und man trifft es nicht an, dass der Ausdruck »Schmarotzen« von dem einen oder anderen in einem abweichenden Sinne verwendet wird. Ebenso wenig wird es Parasiten geben, die, wie dies unter den Stoikern und Epikureern der Fall ist, verschiedene Lehrmeinungen hätten, sondern es herrscht unter ihnen durchgängige Übereinstimmung und Eintracht hinsichtlich ihres Verfahren und ihres Endzwecks. So glaube ich denn nach dem Bisherigen behaupten zu dürfen, dass die Parasitik – die Weisheit ist.

Tychiades. (31) Deine Beweisführung scheint mir allerdings ganz befriedigend zu sein, aber wie willst du dartun, dass die Philosophie auch in allen übrigen Hinsichten deiner Kunst nachsteht?

Simon. Da muss ich denn zuerst bemerken, dass ein Parasit sich noch nie um die Philosophie bemüht hat; wohl aber weiß man von gar vielen Philosophen, die von jeher gar gewaltig in die Parasitik verliebt waren und es noch sind.

Tychiades. Kannst du mir welche nennen, die sich mit Parasitik abgegeben hätten?

Simon. Du kennst sie gewiss so gut wie ich, Tychiades, und stellst dich nur so unwissend, als ob ihnen dies zur Schande und nicht zur Ehre gereiche.

Tychiades. Nein wahrlich nicht, Simon; ich kann mir in der Tat nicht denken, welche du nennen könntest.

Simon. Da dürftest du ja keine einzige der Lebensbeschreibungen gelesen haben, mein Bester, welche von jenen Philosophen vorhanden sind, sonst müsste dir gleich einfallen, welche ich meine.

Tychiades. Nun, beim Herakles, jetzt bin ich doch begierig, zu hören, wie sie heißen.

Simon. Das will ich dir sagen. Ich will dir eine Reihe von Philosophen herzählen, die gewiss nicht zu den schlechtesten, sondern im Gegenteil, wie ich glaube, zu den allerbesten gehören.

(32) Einmal der gute Sokratiker Aischines,[192] der Verfasser der bekannten, schön geschriebenen, ausführlichen Dialoge. Dieser brachte seine Werke nach Sizilien in der Absicht, dem Tyrann Dionysios dadurch bekannt zu wer-

192 Aischines von Spettos (Attischer Demos), genannt der Sokratiker, weil er der treueste aller Sokrates-Anhänger war, Philosoph des 4. Jhs. v.Chr., war nach Sokrates' Tod als Flüchtling nach Syrakus gelangt. Er bewahrte den Stil seines Lehrers so treu, dass seine Dialoge zeitweise für die des Sokrates gehalten wurden. Eine Lebensbeschreibung von ihm bietet Diogenes Laertios, auf dessen Werk Simon vermutlich oben auch anspielt.

den. Da las er ihm seinen »Miltiades« vor, erhielt Beifall und ließ sich's von nun an in Sizilien an der Tafel des Dionysios wohl sein. Die Unterhaltungen aber im Geschmack des Sokrates hatten für immer den Abschied erhalten.

(33) Und Aristipp on Kyrene,[193] gilt der nicht auch als einer der ersten Philosophen?

Tychiades. Unstreitig.

Simon. Nun, auch dieser schmarotzte zu gleicher Zeit bei Dionysios von Syrakus, und zwar galt er unter allen Parasiten am meisten bei diesem. Freilich besaß er auch bei Weitem mehr Talent zu dieser Kunst, sodass Dionysios jeden Morgen seine Köche zu ihm schickte, damit sie sich von ihm instruieren ließen. Er ist, denke ich, zu Recht der Stolz unserer Zunft.

(34) Und euer göttlicher Plato ist ja gleichfalls nach Sizilien gekommen,[194] und zwar in derselben Absicht. Nur schade, dass er nach wenigen Tagen das Schmarotzen wieder aufgeben musste, weil er von Natur ganz und gar kein Geschick dazu hatte. Zwar gab er sich nach seiner Heimkehr nach Athen alle Mühe, sich durch das Studium dazu tüchtig zu machen und unternahm eine zweite Expedition nach Sizilien. Allein, kaum hatte er wieder ein paar Tage an Dionysios' Tafel gesessen, als ihn seine Unbeholfenheit abermals davon ausschloss. Diese Unfälle Platons in Sizilien haben meines Erachtens Ähnlichkeit mit denen des Nikias.[195]

---

193 Ebenfalls ein Philosoph des 4. Jhs.; er soll die hedonistische Theorie ausgebaut haben, wonach alle Gewissheit dem Menschen nur aus der Empfindung von Lust und Schmerz erwachse.

194 Und zwar insgesamt dreimal; bei der ersten Reise 388/87, wobei er in Streit mit Dionysios geriet.

195 Athenischer Staatsmann, der in Sizilien durch seine strategischen Fehlentscheidungen eine ganze Flotte verlor und dort hingerichtet wurde (Thukydides, Geschichte des Peloponnesischen Krieges, 7,86).

Tychiades. Bei wem finden sich denn diese Nachrichten, Simon?

Simon. (35) Unter anderen bei dem Musiker Aristoxenos,[196] einem sehr achtbaren Gewährsmann, der bei Neleus[197] ebenfalls Parasit war. Dass Euripides bei König Archelaos[198] bis zu seinem Tod schmarotzte und Anaxarchos[199] bei Alexander, wird auch dir eine bekannte Sache sein.

(36) Auch Aristoteles hat in der Parasitik wenigstens einen Anfang gemacht, wie er denn auch in allen übrigen Künsten nicht über den Anfang hinausgekommen ist.

(37) So habe ich dir denn ganz der Wahrheit gemäß gezeigt, dass es große Philosophen gegeben hat, die sich ernstlich um die Parasitik bemühten. Aber wer wird mir einen Parasiten aufweisen, der je Lust bekommen hat zu philosophieren?

(38) Wenn es zum glücklichen Leben gehört, nicht zu hungern, nicht zu dürsten, nicht zu frieren, so genießt dieses niemand in höherem Grad als der Parasit. Philosophen sieht man viele hungern und frieren, aber gewiss keinen Parasiten, oder er wäre keiner, sondern vielmehr ein erbärmlicher Schlucker, eine Art – Philosoph.

Tychiades. (39) Genug hiervon, noch hast du mir ja verschiedene andere Vorzüge zu zeigen, welche die Parasitik vor der Philosophie und der Rhetorik hat.

---

196 Aristoxenos von Tarent, Aristotelesschüler und Musiktheoretiker des 4. Jhs., war außerordentlich schreibfreudig und gilt als Begründer der Literaturgattung der Biographie.

197 Hier ist wohl Neleus aus Skepsis gemeint, Sohn des Aristotelesschülers Koriskos und Erbe Theophrasts.

198 Euripides siedelte 408 v.Chr. von Athen nach Pella an den makedonischen Hof über und starb dort zwei Jahre später. Archelaos, ein ebenso grausamer wie tatkräftiger Herrscher war ein entfernter Onkel Alexanders.

199 Anaxarchos von Abdera, Schüler Demokrits, der am Alexanderzug teilnahm.

Simon. Das menschliche Leben, mein lieber Freund, hat zweierlei Zeiten, Friedens- und Kriegszeiten. Es gibt keine Kunst, die nicht zu einer der beiden Zeiten an den Tag legte, was an ihr und an denen ist, die sie innehaben. Betrachten wir zuerst die Kriegszeit und untersuchen, wer in solcher sich selbst und der Stadt am nützlichsten ist, der Philosoph und Redner oder der Parasit?

Tychiades. Nun, du kündigst da einen ernsthaften Wettkampf an, in der Tat: Ich lache schon bei mir selbst, wenn ich denke, wie der Philosoph sich gebärden wird, wenn er sich mit einem Schmarotzer vergleichen lassen muss.

Simon. (40) Um die Sache minder befremdend und lächerlich zu finden, stelle dir vor, es käme die Nachricht, der Feind sei plötzlich in das Land eingefallen und die Not erfordere, ihm entgegen zu rücken und seinen Verwüstungen Einhalt zu gebieten. Auf den Aufruf des Feldherrn stellen sich alle im wehrfähigen Alter ein, unter diesen auch etliche Philosophen, Redner und Parasiten. Nun wollen wir sie auskleiden, denn wer Kriegstracht anlegen soll, muss zuerst ausgezogen werden. Jetzt mein Bester, beschaue dir die Leute Mann für Mann und prüfe ihren Körperbau! Du wirst sogleich einige bemerken, die vor lauter Hungerleiden blass und steif aussehen, als ob sie schon auf dem Schlachtfeld unter den Verwundeten gelegen hätten. Wäre es nicht lächerlich zu erwarten, dass Leute, denen viel mehr Stärkung und Pflege zu gönnen wäre, imstande sein werden, Kämpfe, Schlachten, Gedränge, Staub und Wunden auszuhalten?

(41) Sieh nun aber auf der anderen Seite den Parasiten, welcher eine ganz andere Figur macht. Ist er nicht wohlbeleibt und hat eine angenehme und frische Farbe, nicht schwarzbraun wie der Knecht, aber auch nicht weiß wie ein Mädchen. Ist nicht sein ganzes Aussehen kräftig und

stattlich und verrät gesunde Kräfte und tapferen Mut? Denn es wäre nicht gut, einen schüchternen, zaghaften Blick in die Schlacht mitzubringen. Nun sag, wird ein solcher Mann nicht ein schöner Soldat und nicht auch noch im Tod schön sein, wenn er rühmlich fallen sollte?

(42) Doch wozu diese bloßen Vermutungen, da uns doch faktische Beispiele zu Gebote stehen? Um die Sache kurz und einfach zu sagen: Alle Rhetoren, die jemals im Krieg gewesen sind, haben sich entweder gar nicht weit vor die Stadtmauern hinausgewagt, und wenn der eine oder der andere dazu genötigt wurde, sich in die Schlachtreihe zu stellen, so behaupte ich, dass er alsbald seinen Kameraden den Rücken gekehrt und sein Heil in der Flucht gesucht hat.

Tychiades. Das wäre doch seltsam! Der Beweis, den du antrittst, dürfte nicht leicht sein. Lass also hören!

Simon. Was zuerst Rhetoren betrifft, so ist Isokrates[200] in seinem Leben gar nie in den Krieg ausgezogen, ja er hat nicht einmal die griechische Rednerbühne bestiegen, offenbar aus Mangel an Mut und weil ihm vor lauter Ängstlichkeit die Stimme versagte. Haben ferner nicht Demades,[201] Aischines[202] und Philokrates[203] sogleich, als

---

200 Bedeutender griechischer Redenschreiber und Redelehrer des 5./4. Jhs., der tatsächlich wegen seiner schwachen Stimme nicht selbst vorgetragen haben soll.

201 Demades v. Athen, griechischer Politiker und Redner des 4. Jhs. v.Chr. Zunächst Anhänger des Demosthenes, später aber dessen erfolgreicher Ankläger, wurde bei Chaironeia gefangen genommen, 319 selbst in Athen wegen Verrats hingerichtet.

202 Aischines v. Athen, griechischer Redner des 4. Jhs. v.Chr., näherte sich politisch Makedonien und stand somit in Gegnerschaft zu Demosthenes. 346 wurde er des Verrats angeklagt, aber freigesprochen.

203 Athenischer Politiker des 4. Jhs., stand Demosthenes nahe, Gegner König Philipps II. von Makedonien, mit welchem er aber Frie-

Philipps[204] Kriegserklärung einlief, aus Angst die Polis und sich selbst an die Makedonier verraten? Sind sie nicht hübsch in Athen geblieben und haben die öffentlichen Angelegenheiten in seinem Interesse zu leiten versucht, sodass jeder Athener, der dieselbe Manier Krieg zu führen befolgte, zu ihren vertrauten Freunden gehörte? Und Hyperides,[205] Demosthenes und Lykurg,[206] die doch für beherzter gehalten werden und in Volksversammlungen so viel Lärm machten und so heftig auf Philipp schimpften, haben sie auch nur eine wackere Tat im Krieg gegen ihn verrichtet? Lykurg und Hyperides sind gar nicht ins Feld gerückt, sie hatten nicht einmal das Herz, den Kopf zum Stadttor hinauszustrecken, sondern saßen, während die Stadt belagert wurde, in ihren vier Wänden beisammen und fabrizierten Anträgchen und Gesetzentwürfchen. Demosthenes aber, das große Demagogenhaupt, aus dessen Mund man in den Volksversammlungen Redensarten zu vernehmen gewohnt war wie: »Philipp, die Pestilenz aus Makedonien, dem Land, woher man nicht einmal Sklaven kaufen mag!«,[207] dieser Demosthenes hatte sich kaum getraut, Boiotien zu betreten, als er, noch ehe beide Heere aufeinanderstießen und die Schwerter zogen,

---

densverhandlungen führen wollte. Der nach ihm benannte Philokratesfriede des Jahres 346 bestätigte Philipps Vormachtstellung in Griechenland. Philokrates wechselte die Seiten und wurde wenige Jahre später wegen Verrats zum Tod verurteilt.

204 Philipp II. König von Makedonien, Vater Alexanders d.Gr., der sich anschickte, Griechenland zu erobern.

205 Hyperides v. Athen, ebenfalls Politiker und Redner des 4. Jhs. Mit Unterbrechung Anhänger des Demosthenes, 322 grausam hingerichtet.

206 Lykurgos v. Athen, Politiker und Redner des 4. Jhs., Schüler Platons und Isokrates', Gegner Makedoniens, 324 gestorben. Er hielt vorwiegend Anklagereden wegen Verrats.

207 Demosthenes, Dritte Philippische Rede, 31.

seinen Schild von sich warf und das Weite suchte. Oder ist dir wirklich von diesem Geschichtchen noch nichts zu Ohren gekommen, das doch allerorten, nicht nur in Athen, sondern auch im Thraker- und Skythenland, der Heimat des elenden Tropfes bekannt ist.[208]

Tychiades. (43) Es war mir allerdings bekannt. Allein, diese Leute waren ja Rhetoren und im Redenhalten geübt, nicht aber im Kriegshandwerk. Aber wie ist's mit den Philosophen? Diesen wirst du wohl nicht das Gleiche wie jenen zur Last legen können?

Simon. O mein lieber Tychiades, gerade diese, die tagtäglich Mut und Standhaftigkeit predigen und das schöne Wort Tugend mit ihrem Geschwätz abnutzen, zeigen sich noch ungleich feiger und erbärmlicher als die Rhetoren. Überzeuge dich selbst: Lässt sich ein einziger Philosoph aufweisen, der sein Leben vor dem Feind gelassen hätte? Entweder sind sie ganz und gar nicht zu Felde gezogen bzw. die, welche es getan haben, haben sämtlich die Flucht ergriffen. Antisthenes,[209] Diogenes,[210] Krates,[211] Zeno,[212] Plato, Aischines, Aristoteles und wie sie alle heißen, haben in ihrem Leben

---

208 Demosthenes stammte von einem athenischen Fabrikanten ab, der früh gestorben war.

209 Antisthenes v. Athen, Schüler des Sokrates, gründete eine Schule im Gymnasion Kynosarges, aus der die philosophische Richtung der Kyniker hervorging. Ihr Idealbild ist der bedürfnislose, unabhängige Mensch.

210 Diogenes v. Sinope war der berühmteste aller Kyniker und lebte im 4. Jh. v.Chr. Er ist Gegenstand zahlreicher Anekdoten und Legenden.

211 Krates von Theben, Kyniker des 4./3. Jhs., war Lehrer Zenons von Kition. Er soll sein reiches Vermögen seiner Vaterstadt vermacht und anschließend ein glückliches Wanderleben in großer Beliebtheit geführt haben.

212 Zeno von Kition kam als Kaufmann nach Athen und wurde Schüler des Krates. Er selbst begründete die Philosophenschule der Stoa.

nie eine Schlacht auch nur von Weitem gesehen. Der einzige, der einmal das Herz gehabt hat, einer Schlacht nahe der Stadt beiwohnen zu wollen, ihr hochweiser Sokrates, lief in einem fort von dem Parnass herab bis in die Ringschule des Taureas, wo es ihn pässlicher dünkte, mit hübschen Jungen zu schäkern und dem nächsten Besten ein sophistischen Rätselchen aufzugeben, als sich draußen mit dem spartanischen Haudegen herumzuschlagen.[213]

Tychiades. Ich gestehe, mein Bester, dass ich mir dies auch schon von anderen habe sagen lassen, die gewiss nicht die Absicht hatten, sich über diese Philosophen lustig zu machen oder einen gehässigen Vorwurf auf sie zu laden. Man wird also nicht sagen können, du habest dir, um deiner Kunst zu gefallen, eine Verleumdung erlaubt.

(44) Aber nun sei doch so gut und zeige mir auch, wie sich denn die Parasitik im Krieg ausnimmt und ob man von irgendeinem der alten Helden sagen kann, dass er ein Parasit gewesen sei.

Simon. Wie, mein Freund? Ist doch keinem, auch nicht dem Ungebildetsten, Homer so unbekannt, dass er nicht wüsste, wie bei ihm die ausgezeichnetsten Heroen die Rollen der Parasiten spielen. Jener Nestor,

von dessen Mund die Rede wie Honig floss,[214]

war der Parasit des Königs Agamemnon. Und weder Achilles, obwohl der Herrlichste an Körpergestalt und der Aufrichtigste in der Gesinnung, noch Diomedes[215]

---

213 Sokrates nahm an mehreren Schlachten teil, zuerst 432–430 an der Belagerung von Potideia, wo er den verwundeten Alkibiades, seinem Schüler, das Leben rettete, dann an der Schlacht bei Delion 423 gegen die Boioter, wo er als Hoplit diente, dann bei der Niederlage der Athener bei Amphipolis 422.

214 Homer, Ilias, 1,249.

215 Diomedes, Sohn des Tydeus, führte 80 Schiffe im Trojanischen Krieg. Er verwundete Aeneas, wurde aber später selbst getroffen.

und Ajax[216] waren bei Agamemnon so geschätzt und angesehen wie der alte Nestor. Denn er wünscht sich nicht zehn Aiantes noch zehn Achilleis, wie er sich zehn Nestores wünschte, indem er äußert, dass Troja längst in seinen Händen wäre,

wenn er zehn Krieger hätte, so tapfer wie dieser[217]

Parasit ungeachtet seines hohen Alters. Ebenso meldet uns Homer, dass Idomeneus,[218] ein Sohn Zeus', ebenfalls Agamemnons Parasit gewesen sei.

Tychiades. (45) Ich erinnere mich, so etwas gelesen zu haben, doch sehe ich noch nicht recht ein, dass diese beiden Männer gerade Agamemnons Schmarotzer gewesen sein sollen.

Simon. Fallen dir denn die Worte nicht ein, die Agamemnon an Idomeneus selbst richtet?

Tychiades. Welche denn?

Simon. *Dir steht der Becher beständig angefüllt*
wie der meine, nach Herzenswunsch zu trinken.[219]

Die tote Amazonenkönigin Penthesilea stieß er mit dem Fuß in den Fluss Skamander. Aufgrund eines Orakelspruchs segelte er mit Odysseus nach Lemnos und holte Philoktetes mit dem Bogen des Herakles. Ebenfalls mit Odysseus steinigte er Palamedes. Er saß auch mit im Trojanischen Pferd.

216 Ajax, Sohn König Telamons von Samos, war einer der bedeutendsten griechischen Kämpfer vor Troja, ausgezeichnet vor allem durch seine enorme Körpergröße. Er trennte sich in einem unentschiedenen Zweikampf von Hektor und stritt sich mit Odysseus um Achills Rüstung, wobei Odysseus gewann. In Raserei wütete er gegen dessen Schafherde und tötete sich anschließend aus Scham selbst.

217 Homer, Ilias, 2,372.

218 Idomeneus, König von Kreta, einer der Helden des Trojanischen Kriegs, der mit im Pferd saß. Er brachte die Kreter auch in den Ruf, Lügner zu sein, da er von der über ihn erzürnten Medeia dazu verflucht worden sei, nie mehr die Wahrheit sagen zu können.

219 Homer, Ilias, 4,263 f.

Mit den Worten: »Der Becher steht dir stets angefüllt«, will Agamemnon nicht sagen, dass Idomeneus schlafend und wachend, daheim und im Kampf einen stets vollen Pokal vor sich habe, sondern dass er nicht wie die übrigen Soldaten nur zu bestimmten Tagen zu ihm geladen werde, sondern allein das Recht habe, alle Tage an seiner, des Königs, Tafel zu speisen. Ajax z.B. wird nur nach seinem rühmlich bestandenen Zweikampf mit Hektor »hin zum göttlichen Helden Agamemnon«[220] geführt, um endlich einmal der Ehre teilhaftig zu werden, mit dem König zu tafeln. Idomeneus dagegen und Nestor sind des Königs tägliche Gäste, wie Homer selbst sagt.[221] Besonders war Nestor, wie mir scheint, ein vortrefflicher Meister in der Kunst, bei Königen zu schmarotzen. Er machte den Anfang damit nicht erst bei Agamemnon, sondern weit früher schon, bei Kaineus und Exadios,[222] und allem Anschein nach hätte er die Prozession auch nicht aufgegeben, wenn Agamemnon nicht gestorben wäre.

Tychiades. Nun, das ist allerdings ein sehr ehrenwerter Parasit. Solltest du noch mehrere dieses Ranges zu nennen wissen?

Simon. (46) Warum nicht? Patroklos,[223] einer der ehrlichsten Griechen, ein in Körper und Geist gleichermaßen ausgezeichneter Jüngling, war gleichwohl Achills Parasit. Ja wenn ich auf seine Taten sehe, möchte ich sogar behaupten, dass er dem Achill in nichts nachgestanden hat. War nicht

220 Homer, Ilias, 7,314.

221 Tatsächlich sagt er das selbst nicht; auch aus Ilias 2,405 ist das nicht herauszulesen.

222 Kaineus war einer der unverwundbaren Lapithen, Exadios ebenfalls ein Lapithe.

223 Freund Achills, Kämpfer vor Troja, wird in Achills Rüstung von Hektor getötet, an dem Achill seinen Tod anschließend in maßlosem Zorn rächt.

er es, der den Hektor zurückschlug, als dieser in die griechische Festung eingedrungen war und bei den Schiffen focht? War er es nicht, der das Schiff des Protesilaos,[224] als es schon in Flammen stand, löschte, obgleich sich zwei gewiss nicht verächtliche Männer, der tapfere Kämpfer Ajax, Sohn des Telamonios, und der berühmte Bogenschütze Teuker, auf demselben standen? Viele Barbaren, darunter Zeus' Sohn Sarpedon, fielen in die Hände dieses Parasiten. Endlich war auch die Art seines Todes ausgezeichnet. Denn während Achill den Hektor, Paris den Achill erlegte, also immer nur einer einen, waren es ein Gott und zwei Sterbliche, welche den Parasiten erschlugen.[225] Und sterbend sprach er, gar nicht wie dort der große Held Hektor, der zu Achill fußfällig fleht, seinen Leichnam wenigstens den Seinen zurückzugeben, sondern Worte, die eines Parasiten würdig waren:

Tychiades. Welche meinst du den?

Simon.

Solche wie du, wenn mir auch zwanzig begegnet wären,
alle lägen sie gestreckt, von meiner Lanze gebändigt.[226]

Tychiades. (47) Nun gut, aber wie willst du beweisen, dass Patroklos nicht der Freund, sondern der Schmarotzer des Achill gewesen ist?

Simon. Das will ich ihn mit eigenen Worten sagen lassen.

Tychiades. Das wäre doch seltsam.

Simon. Nun so höre:

Lege mir nicht das Gebein von dem deinigen fern, Achill,

224 Protesilaos, thessalischer Fürst, der als Erster unter den Griechen im Trojanischen Krieg getötet wurde.

225 Apollo, Euphorbos und Hektor; Homer, Ilias 16,783–822.

226 Homer, Ilias, 16,846 f.

sondern gesellt, wie ich mit dir erwuchs in eurer Wohnung.[227]

Und:

Freundlich empfing mich in seinem Palast der riesige Peleus,
und erzog mich mit Fleiß und ernannte mich dir zum Knappen.[228]

Das heißt: zu deinem Parasiten. Hätte er ihn Freund nennen wollen, so hätte er ihn nicht Knappe genannt, denn Patroklos war ja frei. Wenn also unter Knappe weder ein Freund noch ein Sklave zu verstehen ist, wen meint Homer anders damit als einen Parasiten? So heißt auch Meriones Knappe des Idomeneus, und dies war überhaupt, wie ich glaube, die damalige Benennung für Parasiten. Dabei ist nicht zu übersehen, dass Idomeneus, obwohl er Zeus' Sohn ist, doch nicht als dem Ares vergleichbar gewürdigt wird, wohl aber sein Parasit Meriones.[229]

(48) Und damit nicht genug. War nicht Aristogeiton[230] nach Thukydides ein armer Geselle aus dem Volk und der Parasit des Hermonides? War er nicht sogar sein Liebhaber? Wiewohl – das ist in Ordnung, dass ein Parasit der Liebhaber dessen ist, der ihm zu Essen gibt. Nun, dieser Parasit war es, welcher der tyrannisierten Stadt Athen wieder zu ihrer Freiheit verhalf, und nun steht er, in Erz gegossen, auf dem Markt neben seinem geliebten Harmodios. Siehe, mein Freund, solche Ehrenmänner gibt es unter den Parasiten.

---

227 Homer, Ilias, 23,83.

228 Homer, Ilias, 23,90 f.

229 Homer, Ilias, 2,651.

230 Er tötete zusammen mit Harmodios den Tyrannen Hipparch, weswegen den beiden zu Beginn des 5. Jhs. v.Chr. eine Statue auf der Agora aufgestellt wurde. Thukydides, Geschichte des Peloponnesischen Krieges, 6. Buch.

(49) Und wie meinst du, dass sich der Parasit in der Feldschlacht benehmen würde? Wird er sich nicht erst nach einem guten Frühstück in die Reihe stellen, wie schon der gute Odysseus angeraten hat? Denn wer ins Treffen gehen will, so sagt dieser, soll zuvor wacker essen und trinken,[231] und wäre es noch so früh am Tag. Während also andere Soldaten in der Angst den Helm recht fest aufsetzen, den Brustharnisch recht fest anschnallen und in Erwartung der herannahenden Gefahr zittern, speist der Parasit mit heiterem Antlitz und ist sodann unter den Vordersten, wenn es gilt, den Feind anzugreifen. Der Tischpatron steht im zweiten Glied hinter seinem Parasiten, der ihn wie Ajax den Teuker mit seinem Schild gegen die feindlichen Geschosse schützt, während er sich selbst bloßstellt, denn es ist ihm mehr drum zu tun, jemanden als sich selbst zu erhalten.

(50) Fällt denn auch der Parasit auf dem Kampfplatz, so darf sich wahrlich weder der Feldherr noch der Soldat des Kameraden schämen, der als eine große, ansehnliche Leiche so schön daliegt, wie auf den Polstern des Tafelzimmers. Da lohnt es sich denn, den schmutzigen, ausgetrockneten Leichnam des Philosophen zu sehen, der neben ihm liegt, des marklosen Schwächlings, der den Geist schon aufgab, ehe das Treffen anging. Wer sollte nicht eine Stadt verachten, deren Verteidiger eine so erbärmliche Figur machen? Wer, der so blassgelbe, struppige und schmächtige Burschen daliegen sieht, muss nicht auf den Gedanken kommen, die Stadt habe aus Mangel an Truppen alle Kerker geöffnet und die Missetäter gegen ihre Feinde ausgeschickt? So, mein Freund, verhalten sich im Krieg die Rhetoren und Philosophen gegenüber den Parasiten.

231 Homer, Ilias 19,160 ff.

(51) In Friedenszeiten aber ist, meine ich, die Parasitik der Philosophie nicht minder vorzuziehen als der Friede selbst dem Krieg. Wir wollen fürs Erste die Orte anschauen, die dem Frieden eigentlich angehören.

Tychiades. Noch verstehe ich nicht, worauf das hinauslaufen soll, doch ich will hören.

Simon. Nun, der Marktplatz, die Gerichtshöfe, die Gymnasien, die Jagdreviere, die Speisesäle – all das sind doch besondere Orte, oder?

Tychiades. Allerdings.

Simon. Den Marktplatz und die Gerichtshöfe nun wird der Parasit nicht besuchen, weil diese Orte eigentlich nur den Sykophanten gehören, und weil nichts Vernünftiges an den Dingen ist, die dort getrieben werden. Den Ringschulen hingegen, den Gymnasien und den Symposien geht er nach, ja er ist der wahre Schmuck derselben. Wo ist ein Philosoph oder ein Redner, der, wenn er sich in der Palästra entkleidet, den Vergleich mit dem Körperbau eines Parasiten aushalten könnte? Im Gegenteil: Wenn sich einer von diesen Menschen im Gymnasium sehen lässt, so hat jener Ort bloß Schande davon. Ebenso wenig wird einer es wagen, im Wald einem anrennenden Stück Wild standzuhalten. Der Parasit aber erwartet das Ankommende mutig und spießt es mit Leichtigkeit, denn er hat ja schon bei der Tafel gelernt, sich vor einem Stück Wildbret nicht zu fürchten. Ihn erschreckt daher kein Hirsch, kein borstiger Eber, und wenn dieser die Zähne wetzt, so wetzt der Parasit auch die seinigen. Hasen jagt er ohnehin besser als der beste Jagdhund. Endlich bei der Mahlzeit selbst: Wer wollte es da im Essen wie auch im heiteren Scherzen dem Parasiten gleichtun? Wer wird die Gäste angenehmer zu unterhalten wissen, dieser immer lustige, singende Tischgenosse oder ein in seine Kutte gehüllter, sauertöpfischer Mensch, der immer vor sich hinblickt und dasitzt, als ob er zu einer Trauerfeierlichkeit und nicht zu einem frohen Schmaus gekommen sei? Ich gestehe, ein solcher Philosoph bei einem Gastmahl kommt mir vor wie ein Hund in einem Marmorbad.

(52) Doch von all diesem abgesehen – gehen wir einmal auf eine nähere Untersuchung des parasitischen Lebens selbst ein, vergleichen wir es mit den Rhetoren und Philosophen. Das Erste, was uns hierbei in die Augen fällt, ist, dass der Parasit sehr gleichgültig gegen die Berühmtheit seines Namens und überhaupt gegen die Meinung ist, welche die Menschen von ihm hegen mögen. Was dagegen die Rhetoren und die Philosophen betrifft, so sehen wir, wie nicht nur einige unter ihnen, sondern sie alle von Einbildung und Ehrgeiz, und was noch schmählicher ist, von der Geldsucht verzehrt werden. Was das Letztere betrifft, so kann kein Mensch so gleichgültig gegen Kieselsteine sein wie der Parasit gegen das Geld ist, und der Glanz des Goldes wirkt nicht stärker auf ihn als jedes Lichtflämmchen. Die Rhetoren hingegen, und zur größeren Schmach noch auch die vorgeblichen Philosophen, sind von einer so unseligen Leidenschaft für dieses Metall, dass von den in unseren Tagen gefeierten Weisen – denn von Rednern bedarf es nicht einmal mehr der Beispiele – der eine überführt wurde, dass er sich als Richter hatte bestechen lassen, ein anderer von seien Schülern für seine Sophistereien Bezahlung eintreibt, ein Dritter dafür, dass er sich am Hof des Kaisers aufhält, einen Sold fordert und sich nicht schämt, in seinen alten Tagen die Heimat verlassen zu haben, um sich wie ein indischer oder skythischer Kriegsgefangener um Lohn zu verdingen. Ja nicht einmal der schmähliche Titel Mietling, den er dadurch erhält, beschämt ihn.

(53) Noch gibt es aber außer dieser manche andere Leidenschaften, von welchen diese Leute beherrscht sind: Zorn, Neid, Bekümmernis und Begierden aller Art. Von all diesen weiß unser Parasit nichts. Er erzürnt sich nicht, weil er alles ertragen kann und weil er niemanden hat, über den er böse werden könnte. Und wenn er jemals aufbraust, so ist sein Zorn nicht so heftig, dass er schlimme Folgen hätte, sondern er erregt nur das Lachen der Gäste und dient zu ihrer Belustigung. Betrübnis nun ist vollends seine Sache nicht. Denn das ist eben der große Vorteil, den ihm seine Kunst gewährt, dass er gar keinen Anlass zur Betrübnis haben kann. Er hat ja weder Vermögen, noch Haus, noch Dienerschaft, noch Weib, noch Kinder, deren Verlust derjenige, welcher dergleichen besaß, notwendig betrüben muss. Endlich plagt ihn auch keine Begierde, da er sich nicht um den Ruhm, nicht um das Geld, ja nicht einmal um die Schönheit bekümmert.

Tychiades. (54) Aber, mein Freund, wenn ihm die Nahrung ausgeht, wie dann? Das sollte ihn doch bekümmern.

Simon. Du vergisst, mein lieber Tychiades, dass derjenige gar kein Parasit ist, der Nahrungssorgen haben kann, so wenig wie derjenige tapfer heißen kann, dem die Tapferkeit ausgegangen ist. Wenn also der Tapfere nur bei wirklicher Tapferkeit tapfer, der Kluge nur bei wirklicher Klugheit klug ist, so macht auch den Parasiten nur das wirkliche Parasitieren zum Parasiten. Hat aber das Parasitieren ein Ende, so handelt es sich nicht mehr um einen Parasiten, sondern um irgendeinen anderen.

Tychiades. Es kann also nie Fälle geben, wo der Parasit um seine Kost verlegen ist?

Simon. Nie, versteht sich. Folglich wird ihm auch dies so wenig wie irgendetwas anderes Bekümmernis verursachen.

(55) Alle Philosophen insgesamt und ferner alle Redner leben in beständiger Furcht. Denn selten sieht man einen von ihnen ohne Stock ausgehen, womit sie sich bestimmt nicht bewaffnen würden, wenn sie sich nicht fürchteten. Ihre Türen verschließen sie so fest wie möglich, ebenfalls aus Furcht, sie könnten in der Nacht überfallen werden. Der Parasit schließt zwar auch die Tür seines Kämmerchens, doch nur so, wie es nötig ist, um vom Wind gesichert zu sein. Und wenn er denn auch ein Geräusch vernimmt in der Stille der Nacht, so beunruhigt ihn das so wenig, als ob es gar nichts wäre. Hat er durch eine einsame Gegend zu gehen, so wandert er ganz unbewaffnet seines Weges, denn für ihn gibt es überall nichts zu fürchten. Wie oft habe ich dagegen Philosophen gesehen, die ihre Wehr anlegten, auch wenn von keiner Seite irgendeine Gefahr drohte. Tragen sie ja noch ihre Prügel bei sich, wenn sie ins Bad oder zu Tische gehen!

(56) Endlich ist kein Mensch imstande, den Parasiten des Ehebruchs, einer Gewalttat, des Raubes, überhaupt irgendeines Verbrechens zu beschuldigen. Sowie er dergleichen verübt, hebt er sich selbst auf und ist nicht mehr Parasit. Erlaubt er sich z.B. einen Ehebruch, so lädt er zugleich mit der bösen Tat auch die Benennung auf sich. Denn so wie der, welcher einen üblen Streich gespielt hat, eben dadurch den Ruf eines schlechten Mannes annimmt, so legt auch der Parasit, wenn er sich vergeht, seinen Stand ab und wird von nun an nach dem Verbrechen benannt, das er begangen hat. Allein, dass Rhetoren und Philosophen Sünden wie die eben genannte in Menge begangen haben, wissen wir nicht nur aus unseren Zeiten, sondern es sind uns auch schriftliche Zeugnisse davon aus dem Altertum hinterlassen. Gibt es nicht eine Apologie des Sokrates, des Aischines, des Hyperides, des Demosthenes

und von fast allen Rednern und Weltweisen? Nur eine Apologie des Parasiten gibt es nicht, und niemand wird sagen können, dass je auch nur eine Klage gegen einen Parasiten anhängig gemacht worden sei.

Tychiades. (57) Nun ja, beim Zeus, ich muss es zugeben, dass das Leben eines Parasiten den Philosophen und Rhetoren vieles voraus hat. Aber im Sterben wird er doch wohl schlimmer dran sein?

Simon. Im Gegenteil! Bei Weitem besser! Von den Philosophen wissen wir ja, dass alle, wenigstens die meisten, eines kläglichen Todes gestorben sind. Einige wurden der schwersten Verbrechen wegen zum Giftbecher verurteilt, andere verbrannten bei lebendigem Leib,[232] andere gingen durch Harnzwang drauf.[233] Andere starben im Exil.[234] So ist noch nie ein Parasit geendet. Des Parasiten Tod ist der seligste, denn er stirbt essend und trinkend. Und sollte auch je einer eines gewaltsamen Todes verblichen sein, so war es gewiss nur eine Unverdaulichkeit.

Tychiades. (58) Gut. Der Wettkampf mit den Philosophen wäre nun ausgefochten, und zwar zum Vorteil des Parasiten. Versuche mir nun zum Schluss noch zu beweisen, dass das Schmarotzen etwas Ehrenhaftes besitzt, und dass es dem Tischherrn von Nutzen ist, so einen Mitesser bei sich zu haben. Es will mich nämlich dünken, als ob das Brot, das der Parasit am Tisch des Reichen isst, ein Gnadenbrot wäre, dessen er sich schämen müsste.

Simon. Bilde dir nicht so einfältiges Zeug ein, Tychiades! Begreifst du denn nicht, dass ein reicher Mann, und wenn er Gyges' Schätze hätte, arm wäre, wenn er allein essen müsste, und von einem Bettler nicht zu unterscheiden,

232 Z.B. Empedokles.
233 Z.B. Epikur.
234 Z.B. Aristoteles.

wenn er auf der Straße ohne Parasiten erschiene. Wie ein Soldat ohne Waffen, ein Staatskleid ohne Purpur, ein Pferd ohne Kopfschmuck nur eine unansehnliche Figur macht, so ist auch der Reiche eine armselige Person, wenn ihm nicht ein Parasit zur Seite geht. Ein Parasit macht also dem Reichen Ehre, nicht der Reiche dem Parasiten.

(59) Man kann dem Parasiten somit nicht, wie du meinst, vorwerfen, dass er sich als der Geringere von einem Vornehmeren füttern lasse, denn es liegt ja im Interesse des Reichen, seinen Parasiten zu ernähren, der nicht nur seinen Glanz vermehrt, sondern auch zur Sicherheit seiner Person wesentlich beiträgt, indem er eine Art Leibwache für ihn bildet. Nicht so leicht wird es einer wagen, einen reichen Herrn anzugreifen, wenn er sieht, dass der Parasit ihm zur Seite steht, und keiner, der einen Parasiten hält, muss besorgt sein, vergiftet zu werden, denn wer wird sich solches trauen, da ja der Parasit alles vorkostet und kredenzt? Es gibt also Beweise genug, dass der Reiche durch seinen Mitesser nicht nur gehrt, sondern auch gegenüber den größten Gefahren abgesichert ist. Aus lauter Anhänglichkeit nimmt der Parasit alles Gefährliche auf sich und sorgt dafür, dass sein Patron ruhig essen kann, ja er könnte sich entschließen, an seiner Tafel sogar zu sterben.

Tychiades. (60) Nun, das muss wahr sein, Simon. Du hast die Sache nach allen Seiten ausgeführt und deine Kunst nie im Stich gelassen. Aber es ist nicht wahr, Freundchen, dass du so ganz unvorbereitet warst. Du sprachst ja wie einer, der unter den ersten Meistern studiert hat. Nur das möchte ich als Letztes noch wissen, ob nicht wenigstens auf dem Wort Parasitik ein kleiner Schimpf hafte?

Simon. Dazu will ich dir dienen, wenn du mir nur ein paar kleine Fragen beantworten willst. Sag mir: Was verstand man seit jeher unter dem Wort σῖτος?

Tychiades. Die Speise.

Simon. Und σιτεῖσθαι ist soviel wie essen, oder?

Tychiades. Versteht sich.

Simon. Es ist doch wohl eine ausgemachte Sache, dass παρασιτεῖν[235] nichts anderes ist?

Tychiades. Aber eben dieses Wort ist es, was mir unehrbar vorkommt, mein Simon.

Simon. (61) Nun, so sage mir doch, wenn du die Wahl hast, was ist dir lieber: πλεῖν[236] oder παραπλεῖν?[237]

Tychiades. Das παραπλεῖν ist mir natürlich lieber.

Simon. Dasselbe wird der Fall sein bei τρέχειν und παρατρέχειν,[238] ἱππεύειν und παριππεύειν,[239] ἀκοντίζειν und παρακοντίζειν?[240]

Tychiades. Allerdings.

Simon. Also muss doch wohl auch das παρασιτεῖν den Vorzug haben vor dem ἐσθίειν?[241]

Tychiades. Ich kann nicht anders, als dir zuzustimmen, Freund Simon. Ich werde in Zukunft wie ein fleißiger Schulknabe alle Vor- und Nachmittage zu dir kommen und mich in deiner Kunst unterrichten lassen. Und weil ich dein erster Schüler bin, so ist es nicht mehr als recht und billig, dass du mir ohne alle Missgunst deine Kunst mitteilst. Sagt man doch auch von den Müttern, dass die ersten Kinder ihnen am liebsten seien.

---

235 Mitessen.

236 Segeln

237 Vorbeisegeln (hier im Sinn von überholen). An den beiden Beispielen wir deutlich, dass das Präfix παρα- sowohl die Bedeutung neben/mit als auch an/vorbei haben kann. Diese Zweideutigkeit nutzt Simon für seine Argumentation.

238 Laufen und vorbeilaufen.

239 Reiten und vorbeireiten.

240 Den Wurfspieß werfen und vorbeiwerfen.

241 Essen.

Der ungebildete Bücherfreund

Inhalt: Lukian beschimpft mit außergewöhnlichem Eifer einen Mann, der leidenschaftlich Bücher sammelt, deren Inhalt er aber nach Lukians Ansicht selbst gar nicht versteht. Wahrscheinlich in der Befürchtung, er könnte auch den vorliegenden Text nicht verstehen, reiht der Verfasser dabei Pointe an Pointe.

(1) Du handelst deiner Absicht gerade entgegen. Du bildest dir ein, man werde dich für einen Gelehrten halten, wenn du dir die schönsten Bücher recht emsig zusammenkaufst. Dem ist aber nicht so. Im Gegenteil kommt dadurch nur deine Ignoranz an den Tag. Denn weit davon entfernt, immer nur das Beste zu kaufen, glaubst du dem Ersten, der dir seine Ware anpreist, aufs Wort und bist so eine willkommene Beute für Betrüger dieser Art und ein wahrer Schatz für alle Büchertrödler. Freilich – wie solltest du zu unterscheiden wissen, was alte und wertvolle und was unbrauchbare Werke sind. Du schließt auf den Wert eines Buches nur aus dem Grad, in welchem es angefressen und verdorben ist, indem deine einzigen Ratgeber bei dieser Beurteilung die Motten sind. Wie könnte es denn für dich noch andere Merkmale geben, den wahren inneren Gehalt eines Werkes zu erkennen?

(2) Wenn ich dir auch einräumen würde, dass du ein Buch, das die niedliche Hand eines Kallinos oder die äußerst sorgfältige des berühmten Attikos geschrieben ha-

ben,[242] von anderen unterscheiden kannst – was hilft es dir, solche Handschriften zu besitzen, da du doch die eigentliche Schönheit derselben nicht kennst und sie ebenso wenig brauchen kannst wie der Blinde einen Genuss von schönen Gestalten hat? Du glotzt mit aufgerissenen Augen deine Bücher an bis zum Überdruss, liest auch wohl bisweilen ein wenig darin, aber doch so flüchtig, dass die Blicke dem Mund immer vorauseilen.[243] Das alles genügt nicht, solange du keine richtige Einsicht in die Vorzüge und Fehler jeder Schrift, in den Sinn und Zusammenhang des Ganzen, in die Wahl und Stellung der einzelnen Ausdrücke hast und solange du nicht beurteilen kannst, ob sich der Schriftsteller genau an die Regeln des richtigen Geschmacks gehalten hat, und was vielleicht verdächtig, unecht oder verfälscht ist.

(3) Was sagst du dazu? Willst du uns etwa glauben machen, du verstündest alles, ohne es gelernt zu haben? Wie ginge dies denn zu, außer wenn du von den Musen selbst, wie auch der Hirte Hesiod, einen Lorbeerzweig erhalten hast?[244] Allein vom Helikon, wo jene Göttinnen wohnen, ist dir, so scheint es mir, auch nicht ein Wort zu Ohren gekommen, geschweige denn, dass du in deinen Jünglingsjahren selbst dort gewesen wärest. Es wäre eine Sünde, wenn du den Namen der Musen auch nur in den Mund nähmst. Diese haben es nicht für unter ihrer Würde erachtet, einem Hirten zu erscheinen, so derb, rau und von der Sonne verbrannt der Mann auch ausgesehen haben mag. Aber einem Menschen, wie du es bist, und –

242 Zwei Bücherkopisten, deren Arbeiten sehr geschätzt wurden.
243 Man las in der Antike normalerweise laut. Augustinus wundert sich z.B., dass sein Lehrer Ambrosius auch leise las.
244 Anspielung auf Hesiods Dichterweihe, Theogonie 22–35.

erlasse mir bei der Göttin des Libanon,[245] jetzt alles deutlich heraus zu sagen – auch nur in die Nähe zu kommen, dazu würden sie sich gewiss nicht entschließen können, sondern ihn, statt ihm einen Lorbeerzweig zu reichen, mit Myrtenruten und Malvenstängeln vom Helikon wegpeitschen lassen, damit er ihnen nicht die heilige Quelle des Holmeios oder die Hippokrene verunreinige,[246] deren Wasser zu trinken doch den dürstenden Herden und dem unschuldigen Mund des Hirten vergönnt ist. Übrigens wirst du selbst, wiewohl du sonst unverschämt genug bist und insofern wenigstens deinen Mann stehst, doch nicht wagen zu behaupten, dass du je eine gelehrte Erziehung genossen habest oder dass es dir je darum zu tun gewesen sei, nähere Bekanntschaft mit der Literatur zu machen. Du wirst es nicht wagen, uns diesen oder jenen als deinen Mitschüler zu nennen.

(4) Und doch bildest du dir jetzt ein, all das Versäumte einzubringen, wenn du nur recht viele Bücher ankaufst. Besitze du nur alles zusammen, was der große Redner Demosthenes eigenhändig geschrieben hat. Besitze sogar jene acht sorgfältigen Abschriften, welche derselbe Demosthenes vom Werk des Thukydides genommen hat, und wenn du alle Bücher zusammenhättest, welche einst Sulla aus Athen nach Italien schickte,[247] was hättest du damit wohl an Gelehrsamkeit gewonnen? Ja lege dir deine Bücher unters Haupt und schlafe darauf, oder leime die Blätter zusammen und hülle dich darin ein. Affe bleibt Affe, so sagt das Sprichwort, und trüge er gleich goldenen Schmuck. Du hast immer ein Buch in der Hand und liest immerfort, aber, was du liest, verstehst du nicht und

245 Aphrodite bzw. Astarte hatte dort ein Heiligtum.
246 Ein auf dem Berg Helikon entspringender Fluss.
247 Plutarch, Sulla 26.

gleichst einem Esel, der, wenn er die Zither schlagen hört, kaum die Ohren reckt. Würde der Besitz von Büchern den Gelehrten ausmachen, so wäre solcher Besitz allerdings sehr hoch zu veranschlagen. Allein, die Gelehrsamkeit wäre dann nur eine Sache für reiche Herren, die sie auf dem Markt einkaufen könnten, und mit der sie uns arme Leute nur zu überbieten brauchten. Wer könnte es vollends den Trödlern und Buchhändlern gleichtun, die ja so viele Bücher haben und feilbieten? Aber beobachte diese Leute näher, und du wirst finden, dass sie dir an wissenschaftlicher Bildung nicht viel voraus haben, dass sie eine ebenso ungebildete Sprache reden wie du, kurz, dass es Leute ohne Einsicht sind, die nie gelernt haben, das Schöne und Gute vom Schlechten zu unterscheiden, wiewohl sie alle die Bücher Tag und Nacht in den Händen haben, von welchen du jedem von ihnen vielleicht nur zwei oder drei abgekauft hast.

(5) Wozu also kaufst du sie, wenn du nicht etwa der Meinung bist, schon die Schränke, welche die Rollen der alten Weisen verwahren, seien gelehrte Wesen? Antworte mir doch, wenn es dir gefällt, auf eine einzige Frage. Oder gib mir, da du ja doch nicht zu sprechen weißt, dein Ja oder Nein mit Zeichen zu verstehen. Wenn einer, der nicht flöten kann, den Aulos[248] des Timotheos[249] oder des Ismenias,[250] welche der Letztere in Korinth für sieben Talente kaufte, sich anschaffte, wäre er dann automatisch ein Aulosspieler? Oder würde ihm ein Besitz etwas helfen, den er nicht kunstgemäß zu gebrauchen versteht? Gut, du schüttelst den Kopf. Also nicht einmal, wer des Marsyas

248 Blasinstrument mit zwei Röhren, der Klarinette ähnlich.
249 Berühmter Dichter und Musiker aus Milet, 450–360 v.Chr.
250 Sohn eines gleichnamigen reichen Thebaners, Flötenspieler und Gemmensammler, 4. Jh. v.Chr.

und Olympos[251] Auloi besäße, würde sie spielen können, wenn er es nicht gelernt hätte. Und wenn einer des Herakles Bogen und Pfeile besäße, aber kein Philoktetes[252] wäre, um jenen spannen und diese wohlgezielt abschießen zu können, was meinst du, würde er seinem Werkzeug Ehre machen? Du schüttelst abermals den Kopf. Dasselbe wäre der Fall, wenn einer, der nichts von der Schifffahrt versteht, ein noch so vortreffliches, mit allem, was Schönheit und Sicherheit bietet, gleich gut versehenes Schiff bekäme, oder einer, der noch nie auf einen Gaul gekommen, ein Reitpferd persischer Rasse oder aus thessalischem oder korinthischem Gestüt[253] bekäme: Würde nicht die Ungeschicklichkeit beider sogleich an den Tag kommen, wenn sie handhaben wollten, was sie nicht zu handhaben wissen? Nun so nicke mir doch dein Ja auch zu dieser Frage: Wenn ein Mensch, der nichts gelernt hat, sich eine Menge Bücher anschafft, macht er nicht damit die beste Satire auf seine eigene Ignoranz? Wie? Du willst nicht nicken? Der Beweis scheint mir aber klar genug. Denn wer könnte dich ansehen und nicht sogleich die allbekannte Redensart auf der Zunge haben: »Wie kommt der Hund ins Marmorbad?«

(6) Es lebte vor nicht langer Zeit ein reicher Mann in Asien, der das Unglück erlitt, dass ihm beide Füße abgenommen werden mussten, weil sie ihm, wenn ich nicht irre, bei einer Wanderung durch den tiefen Schnee erfro-

---

251 Ein mehrfach erwähnter Musiker aus Phrygien vor dem Trojanischen Krieg, der ein Schüler des Satyrs Marsyas gewesen sein soll.

252 Philoktetes aus Magnesia, archaischer Held und berühmter Bogenschütze, der mit sieben Schiffen gegen Troja fuhr. Homer und die Tragödiendichter behandeln ihn ausführlich.

253 Wörtlich: ein mit einem Qoppa bezeichnetes Ross (einem ursprünglich im griechischen Alphabet vorhandenen Buchstaben, der das Zeichen der damals berühmten in Korinth gezüchteten Pferde war).

ren waren. Als behelfsmäßigen Ersatz für diesen Mangel ließ er sich hölzerne Füße anfertigen, die er an seinem Körper befestigte, und so lief er wieder, gestützt auf die Schultern zweier Diener. Soweit war der Mann nur zu bedauern. Lächerlich aber machte er sich dadurch, dass er immer die schönsten und neuesten Halbstiefel kaufte und die größte Sorgfalt auf diesen Teil seiner Aufmachung verwendete, damit die Hölzer – seine Füße wollte ich nicht sagen – nur immer recht schön geputzt erschienen. Und nun frage ich mich, machst du es nicht ebenso? Dein Kopf ist, was jenes Mannes steife und hölzerne Füße sind, und nun kaufst du dir so große und schwere goldene Kothurne, auf welchen zu gehen ein Mensch mit gesunden Füßen genug zu tun hätte.

(7) Da du doch unter anderen auch Homer mehr als einmal gekauft hast, so lass dir einmal von jemandem die Stelle aus dem zweiten Buch der Ilias vorlesen – ich sage: nur jene Stelle, denn das Übrige ist nicht für dich – wo der Dichter Thersites, jenes lächerliche, verwaschene und krüppelhafte Kerlchen, als Redner auftreten lässt. Was glaubst du: Wenn dieser Thersites die volle Rüstung des Achill anlegte, wäre er denn darum auch schön und stark wie dieser? Würde er sich auch in die Fluten des Xanthos stürzen und dessen Wasser mit dem Blut der Phrygier färben? Würde er einen Lykaon, einen Asteropaios[254] oder gar einen Hektor erschlagen, der Bursche, der nicht einmal den Schaft von Achills Lanze über den Schultern halten könnte?[255] Würde er nicht vielmehr zum allgemeinen

254 Wie Hektor zwei Helden des Trojanischen Krieges. Lykaon war ein Sohn König Priamos', der von Achill zuerst in die Sklaverei verkauft und nach seiner Rückkehr von dort getötet wurde.

255 Homer, Ilias, 19,387 besagt, dass Achills Lanze so schwer war, dass nur er selbst sie im Kampf tragen konnte.

Gelächter werden, wenn er unbeholfen unter der Last des Schildes daherhumpelnd auf die Nase fiele oder aus dem Helm bisweilen hervorblickend seine schielenden Augen zeigte, den Panzer mit seinem krummen Buckel empor lüftete, die ungeheuren Beinschienen nachschleppte, kurz: den Verfertiger dieser Rüstung[256] wie ihren Besitzer gleichermaßen beschimpfte? Merkst du denn nicht, dass es dir gerade so ergeht, wenn du eine herrliche Rolle von purpurfarbenem Pergament mit goldenen Knöpfen in den Händen hältst und durch dein barbarisches Vorlesen alles so schmachvoll verdirbst, dass die Gebildeten deiner spotten und deine Schmeichler dir zwar ins Gesicht Beifall zollen, sich aber von Zeit zu Zeit umwenden müssen, um ihr Lachen zu verbergen?

(8) Ich muss dir noch ein Geschichtchen erzählen, das sich einst zu Delphi bei den Pythischen Spielen[257] zutrug. Ein gewisser Euangelos aus Tarent,[258] ein Mann von einigem Ansehen in der Vaterstadt, ließ sich einst einfallen, zu Delphi einen Preis davontragen zu wollen. Dass dies nun in den gymnischen Wettkämpfen für ihn wohl nicht passend sei, sah er sogleich ein, da er von Natur aus weder mit Stärke noch mit Behändigkeit sonderlich begabt war. Allein, dass ihm in Gesang und Zitherspiel der Sieg umso leichter werden würde, hatte er sich von einigen leichtfertigen Burschen einreden lassen, die gewöhnlich in seiner Gesellschaft waren und jedes Mal, wenn er auch

256 Hephaistos.

257 Die Pythischen oder Delphischen Spiele waren Wettkämpfe zu Ehren Apollons in Delphi, die bedeutendsten panhellenischen Spiele nach den Olympischen, zu denen sie jeweils mit zweijährigem Abstand stattfanden, und zwar Ende August. Die musikalischen Wettkämpfe waren dort die ältesten, die sportlichen kamen später hinzu.

258 Eine sonst nicht belegte Person.

nur ein paar ganz unbedeutende Griffe gemacht hatte, in ein unmäßiges Beifallsgeschrei ausbrachen. Er erschien also zu Delphi in einem äußerst glänzenden Aufzug, in einem goldbestickten Gewand, das er eigens dafür hatte anfertigen lassen, mit einem herrlichen Lorbeerkranz aus reinem Gold, woran die Beeren in natürlicher Größe aus Smaragden waren. Besonders aber war seine Zither ein wahres Wunder an Pracht und Kostbarkeit, aus gediegenem Gold, geziert mit geschnittenen Edelsteinen und Juwelen aller Art, zwischen welchen die Bilder der Musen, Apollos und Orpheus' in erhabener Arbeit angebracht waren. Man konnte sie wirklich nicht ohne Staunen betrachten.

(9) Als der Tag des Wettstreits endlich gekommen war, traten außer ihm noch zwei Mitbewerber auf. Das Los traf Euangelos, als der mittlere zwischen diese beiden zu singen. Nachdem also der erste, Thespis aus Theben,[259] gesungen und sich wacker gehalten hatte, tritt mein Tarentiner, strahlend von Gold, Smaragden, Beryllen und Hyazinthen sowie in einem Gewand auf, dessen Purpurgrund sich zwischen der Goldstickerei prachtvoll ausnahm. Dies alles erfüllte die Zuschauer mit sprachlosem Erstaunen und spannte die allgemeine Erwartung aufs Höchste. Jetzt war der Augenblick da, sich hören zu lassen. Er beginnt mit einem Vorspiel ohne jede Melodie und musikalische Verbindung und reißt, weil er gleich zu derb dreinfährt, drei Saiten auf einmal ab. Jetzt hebt er auch zu singen an, aber so abscheulich und in so schneidenden Tönen, dass ein allgemeines Gelächter im ganzen Theater entstand und die Preisrichter, empört über eine

259 Vielleicht identisch mit dem Flötenspieler Thespis, der für einen König Ptolemaios tätig war.

solche Unverschämtheit, ihn durchpeitschen und zum Theater hinauswerfen ließen. Das war nun ein köstliches Spektakel, wie der goldene Euangelos von den Polizeidienern mitten über die Bühne geschleppt und mit ihren Peitschen bis aufs Blut um die Beine gehauen wurde und wie er heulend die von seiner Zither, welche zugleich mit ihm Hiebe bekam, ausfallenden Edelsteine am Boden zusammenraffte.

(10) Nach einigen Augenblicken trat ein gewisser Eumelos aus Elis[260] auf, eine alte Zither mit hölzernen Wirbeln in der Hand und in einem Kleid, das samt dem Kranz auf seinem Kopf kaum zehn Drachmen wert war. Allein, dieser sang so meisterhaft und spielte so geschickt nach den Regeln seiner Kunst, dass ihm öffentlich der Sieg zuerkannt wurde und er nun den Euangelos auslachen konnte, der sich so viel auf seine Zither und seine Edelsteine eingebildet hatte. »Du, Euangelos«, soll jener zu diesem gesagt haben, »trägst einen goldenen Lorbeer um den Kopf, denn du bist ein reicher Mann, ich aber, ein armer Geselle, trage den delphischen. Du aber hast von all deinem Schmuck nichts weiter, als dass du dich, statt das Mitleid der Leute über deine Niederlage mitzunehmen, durch deinen Luxus, der gar nicht zur Kunst gehört, verhasst gemacht hast.« – Siehst du, diesem Euangelos gleichst du aufs Haar, vor allem auch deshalb, weil du dir vor dem Gelächter der Zuschauer nicht im Geringsten bange sein lässt.

(11) Es dürfte ebenfalls nicht am unrechten Ort sein, dir auch ein Märchen aus Lesbos aus alter Zeit zu berichten. Als die thrakischen Mainaden den Orpheus zerrissen hatten, warfen sie seinen Kopf und seine Lyra in den

260 Sonst nicht bekannt.

Hebros,[261] der beide der Schwarzen Bucht[262] zutrug. Der Kopf lag auf der Lyra und sang Klagelieder um Orpheus, während die Winde durch die Saiten der Lyra rauschten und sie im Einklang mit den Liedern ertönen ließen. So wurden beide, unter Melodien auf den Wellen schwebend, an das Gestade von Lesbos getragen. Dort hoben die Bewohner den Kopf auf und begruben ihn an genau der Stelle, da jetzt ihr Dionysostempel steht. Die Lyra aber brachten sie als Weihegeschenk in den Tempel Apollons und bewahrten sie dort viele Jahre auf.

(12) Da begab es sich dann in der folgenden Zeit, dass Neanthos, Sohn des Tyrannen Pittakos von Lesbos,[263] der vieles von dieser Lyra gehört hatte, wie sie wilde Tiere und Bäume und Felsen bezaubert hatte, und sogar noch nach Orpheus' Tod, ohne dass sie jemand berührte, Melodien von sich gegeben habe, von heftigem Verlangen nach deren Besitz ergriffen wurde und mit einer großen Geldsumme endlich den Priester bewog, ihm die Lyra des Orpheus auszuliefern und eine andere, ähnliche an ihrer Stelle im Tempel zu deponieren. Als er sie besaß, traute er sich zwar nicht, sich am hellen Tag in der Stadt damit sehen zu lassen, nachts aber nahm er sie unter seinen Mantel, ging damit ganz allein in die Vorstadt, zog sie hervor und begann nun, in den Saiten zu wühlen, plump und ungeschickt, wie ein junger Mensch, der auch nicht das Mindeste von Musik verstand, aber überselig war in dem Glauben, nunmehr der Erbe orphischer Tonkunst geworden zu sein und seiner Lyra Melodien entlocken zu können, die alle Welt entzücken und bezaubern müssten. Indessen kam, von dem Getöne angelockt, ein Rudel

261 Jetzt die Maritza.
262 Bai von Saros.
263 Im 7. Jh. v.Chr.

Hunde herzugelaufen, deren es dort gar viele gab, und zerriss ihn in Stücke, sodass der Unglückliche doch insoweit ein zweiter Orpheus war, dass er wenigstens Hunde zu sich heranzog. Und so zeigte sich denn offensichtlich genug, dass nicht die Lyra, sondern die Kunst und das einzigartige Sängertalent, das Orpheus von seiner Mutter Kalliope erhalten hatte, jene Zauberkraft besaß, während die Lyra selbst keinen höheren Wert hatte, als jedes andere Saiteninstrument.

(13) Doch was brauche ich dir vom alten Orpheus und Neanthos zu erzählen? Hat ja doch auch in unseren Zeiten jemand, und der Mann lebt noch, glaub ich, die irdene Lampe des Stoikers Epiktet[264] für 3000 Drachmen gekauft, ohne Zweifel in der Einbildung, dass sich, wenn er des Nachts bei dieser Lampe studiere, die Weisheit Epiktets zwischen Schlafen und Wachen bei ihm einstellen und er in kurzer Zeit dem bewunderten Greise ähnlich werden würde.

(14) Noch vor Kurzem bezahlte ein anderer für den Stock, welchen der Kyniker Proteus[265] wegwarf, als er in die Flammen sprang, ein ganzes Talent, und bewahrt den Stock jetzt als Kleinod auf, das er vorzeigt wie die Tegeaten die Haut des Kalydonischen Ebers,[266] die Thebaner die Gebeine Geryones[267] oder die Bewohner von Mem-

---

264 Der letzte große Vertreter der Stoa, 55–135.

265 Peregrinos Proteus, Kyniker, der sich 167 n.Chr. in Olympia selbst verbrannte und dem Lukian eine ganze Schrift widmete, die den Philosophen vernichtend verurteilt.

266 Der Eber, der der Sage nach im Auftrag der erzürnten Artemis die kalydonischen Fluren verwüstete und von Meleagros erlegt wurde. Reliquien dieser Art waren in der Antike als Touristenattraktionen durchaus beliebt. In Kumae nahe Neapel wurden die Zähne des von Herakles erlegten Erymanthischen Ebers gezeigt.

267 Sagenhafter Riese mit drei Oberkörpern, die an der Hüfte zusammengewachsen waren.

phis die Locken der Isis.[268] Er selbst aber, der Besitzer des wunderbaren Schatzes, übertrifft gleichwohl sogar noch dich an Gemeinheit und unanständigem Wesen. Wie sehr wäre dir ein solcher Stock zu gönnen – an den Kopf.

(15) Auch erzählt man sich von Dionysios von Syrakus, dass er einst ein bis zur Lächerlichkeit erbärmliches Trauerspiel geschrieben habe, dessentwegen Philoxenos, weil er sich des Lachens nicht enthalten konnte, mehr als einmal in die Steinbrüche geschickt wurde. Dionysios, der erfahren hatte, dass man sich allgemein über ihn lustig machte, wusste sich mit vieler Mühe die Schreibtafel zu verschaffen, deren sich Aischylos bedient hatte, und glaubte nun, von derselben Begeisterung wie dieser ergriffen zu werden, schrieb aber auf jene Blätter nur so erbauliches Zeug wie:

Die Frau des Dionysios, die Doris, starb.

Und:

O weh, ich hab ein brauchbar Weib verloren!

Auch jenes Verslein fand sich auf der Schreibtafel.

Der Tor hat nur sich selbst zum Narren.

Ist es doch, als ob Dionysios mit diesem Vers recht ausdrücklich auf dich gezielt hätte. Und dafür verdiente die Schreibtafel denn doch, dass man sie in Gold einfasste.

(16) Was versprichst du dir denn von deinen Bücher, die du immer auf- und abrollst, leimst, beschneidest, mit Safran und Lederöl einreibst, mit zierlichen Überdecken und Knöpfen versiehst? Was, glaubst du, werden sie dir nützen? Du bist wohl durch die teuer bezahlten Werke schon sehr gebessert worden, da du eine Sprache führst

268 Nach Diodor von Sizilien wurde in Memphis das Grab der Isis gezeigt.

wie – doch nein, du sprichst gar nicht, du bist stummer als ein Fisch, aber deine Aufführung ist so, dass man davon nicht sprechen darf. Deine unreinen Sitten haben dich zum Gegenstand des allgemeinen Hasses und der Abscheu gemacht. Wenn du das aus deinen Büchern gelernt hast, so fliehe alsbald, so weit du kannst, vor ihnen.

(17) Der Nutzen, den man aus den Schriften der Alten ziehen kann, ist ein doppelter: Der erste, dass man lernt, wie man reden, der zweite, dass man lernt, wie man handeln soll. Beides geschieht durch Nachahmung der guten und Vermeidung der schlechten Beispiele. Wer sich aber verrät, dass er weder das eine noch das andere daraus gelernt hat, wem anders kauft der seine Bücher als den Mäusen zum Zeitvertreib und den Motten zur Wohnung und den Bedienten, die sie vor beiden bewahren sollen, zur Qual?

(18) Wie schmählich, wenn man dich, was bei dir immer der Fall ist, mit einem Buch in der Hand antrifft und dich fragt, von welchem Redner, Geschichtsschreiber oder Dichter es sei, und du weißt zwar zur Not den Titel anzugeben, weil du ihn vor dir hast. Wenn man aber, wie es in der Gesellschaft zu gehen pflegt, ein längeres Gespräch darüber anknüpfen will und der andere lobt oder tadelt dieses oder jenes an dem Schriftsteller und du stehst verlegen da und weißt kein Wort zu sagen – möchtest du da nicht in die Erde versinken vor Scham und Verdruss, dass das Buch, welches du mit dir herumträgst, an dir selbst, wie an Bellerophon sein Brief,[269] zum Verräter geworden ist?

269 Dieser Held der Mythologie wurde von König Proitos von Tiryns zu König Iobates nach Lykien gesandt mit einem Brief: »Lasse den Überbringer töten«. Da Bellerophon zu dieser Zeit aber noch Liebling der Götter war, hatte der Mordauftrag keinen Erfolg.

(19) Der Kyniker Demetrios[270] war einst zugegen, als zu Korinth ein Mensch ohne alle Bildung das herrliche Stück des Euripides, die Bacchantinnen[271] vorlas. Als er nun gerade an der Stelle war, da der Bote das Schicksal des Pentheus und die entsetzliche Tat der Agave erzählt, nahm ihm Demetrios das Buch schnell aus der Hand und zerriss es mit den Worten: »Immer noch besser für den Pentheus, von mir einmal als von dir oftmals zerrissen zu werden.« Sooft ich auch darüber nachgedacht habe, konnte ich doch bis auf den heutigen Tag nicht ausfindig machen, in welcher Absicht du mit solchem Eifer darauf aus bist, Bücher zusammenzukaufen. Wer dich auch nur entfernt kennt, kann sich nicht vorstellen, dass es deswegen geschehe, um sie zu gebrauchen und zu benutzen. Es ist doch nicht anders, als ob sich ein Kahlkopf einen Kamm, ein Blinder einen Spiegel, ein Tauber einen Flötenspieler, ein Eunuch eine Beischläferin, ein Landmann ein Ruder, ein Steuermann einen Pflug anschaffte. Oder soll das Ganze eine Ausstellung deines Reichtums sein, womit du der Welt zeigen willst, dass dein ungeheures Vermögen dir einen Aufwand auch sogar für solche Dinge erlaubt, die du gar nicht brauchen kannst? Und doch ist mir – ich bin ja auch aus Syrien – nur zu wohl bekannt, dass, wenn es dir nicht gelungen wäre, deren Namen in das Testament jenes reichen Alten einzuschwärzen, der Hunger dich schon längst umgebracht oder dich genötigt hätte, deine Bücher auf dem öffentlichen Markt loszuschlagen.

---

270 Demetrios, kynischer Philosoph des 1. Jhs., berühmt für seine Bedürfnislosigkeit und seine Freimütigkeit, lebte in Rom und Korinth und wird bei vielen Schriftstellern erwähnt.

271 In dieser Tragödie wird Pentheus, König von Theben, weil er den Dionysos-Kult verbieten will, durch die Anhängerinnen des Kultes zerrissen.

(20) Es bleibt also nichts anderes als anzunehmen, dass deine Schmeichler dich glauben gemacht haben, du seist nicht nur ein schöner und liebenswürdiger, sondern auch ein gelehrter Mann, ein Philosoph, ein Redner, ein Historiker wie kein anderer. Und um ihre Lobsprüche zu bestätigen, kaufst du nun eine Menge Bücher auf. Man erzählt sich, du lesest ihnen sogar selbst verfasste Reden bei Tisch vor, und die armen Schlucker, durstig wie die Frösche auf dem Trockenen, bekämen nicht eher zu trinken, als bis sie dir ihren Beifall zum Bersten laut zugeschrien hätten. Nichts ist aber leichter für sie, als dich an der Nase herumzuführen. Alles, was sie wollen, lässt du dir von ihnen weißmachen, wie z.B. du sähest dem Kaiser[272] aufs Haar ähnlich, wie der falsche Alexander dem Sohn des Antiochos,[273] der falsche Philipp,[274] ein Walkerbursche, dem des Perseus, der falsche Nero[275] zu unserer Großväter Zeit und wer sonst noch zu diesen Flaschen gehören mag.

(21) Wie sollte man sich aber auch wundern, wenn ein alberner und ungebildeter Mensch wie du sich dergleichen beikommen lässt und mit einem in die Höhe geworfenen Kopf einhergeht, Miene, Gang und Haltung des Mannes nachäffend, mit welchem sich zu vergleichen, ihm schmei-

---

272 Zu dieser Zeit wohl Marcus Aurelius (161–180).

273 Ein Mann, der mit richtigem Namen Balas hieß, nannte sich Alexander und gab sich als Sohn des syrischen Königs Antiochos V. aus. Tatsächlich soll er dem Herrscher auch ähnlich gesehen haben und bekriegte sich mit König Demetrios Soter.

274 Andriskos von Adramyttium, ein Walker, d.h. Filzhersteller, gab sich 151 n.Chr. als Sohn und Erbe König Perseus' aus und schaffte es, König von Makedonien zu werden und den Römern schwer zusetzte. Seinem Auftritt machte der römische Prätor Quintus Caecilius Metellus ein Ende.

275 Bei Sueton, Leben des Nero, wird gleich von drei Männern berichtet, die dies versucht hatten, jeweils mit wenig Erfolg.

chelt? Hat ja doch auch Pyrrhos von Epeiros,[276] der sonst so große Fürst, sich von seinen Schmeichlern so sehr verblenden lassen, dass er glaubte, dem großen Alexander ähnlich zu sein, und doch – ich habe die beiden Bildsäulen betrachtet – welch mächtiger Unterschied zwischen Pyrrhos und Alexander, von welchem ein getreuer Abdruck zu sein er sich einbildete. Bis jetzt habe ich freilich dem Pyrrhos einen großen Schimpf angetan, dass ich ihn in dieser Hinsicht mit dir zusammenstellte. Umso passender wird für dich das Weitere sein. Dieser Meinung also, die Pyrrhos von sich selbst hegte, trat man natürlich allgemein bei, und man teilte mit ihm die Schnapsidee, die er sich in den Kopf gesetzt hatte, bis ihn endlich eine alte Frau zu Larissa, die ihm die Wahrheit sagte, davon heilte. Pyrrhos hatte ihr nämlich die Bildnisse Philipps, Perdikkas', Alexanders, Kassanders und anderer makedonischer Könige gezeigt und sie gefragt, welchem von diesen er ähnlich sehe, in der festen Überzeugung, sie würde auf Alexander verfallen. Allein, nach ziemlich langem Besinnen sagte sie: »Keinem von diesen, aber dem Garkoch Batrachion.«[277] Wirklich befand sich in der Stadt Larissa ein Koch dieses Namens, welcher dem Pyrrhos auffallend glich.

(22) Ich will nicht entscheiden, welchen von den unsauberen Burschen, die man gewöhnlich im Gefolge der Gaukler und Tänzer sieht, du an ähnlichsten siehst. Das

---

276 Nach einer bewegten Kindheit wurde er Herrscher von Epeiros und Makedonien und setzte nach Italien über, wo ihn die Tarentiner gegen die Römer zu Hilfe gerufen hatten. Letzteren setzte er lange und heftig zu, bis ihn Konsul Curius Dentatus 275 v.Chr. bei Benevent endgültig vertrieb. Danach zog er noch eine Weile plündernd und mordend durch Griechenland und wurde 272 in Argos von einem Dachziegel getötet, den eine Frau auf ihn herabgeworfen haben soll.

277 Der Name des Kochs bedeutet Froschkraut.

aber weiß ich gewiss, dass alle Welt deine Narrheit für eine unheilbare hält, dass du dir einen Vergleich wie den oben genannten erlauben kannst. Sollte man sich darüber wundern, wenn du im blinden Glauben an die Schmeicheleien einiger nach Ähnlichkeit mit Männern von Bildung trachtest und dir diese Kopie so schlecht gelingt? Doch wozu noch weiter dieses Gerede? Die wahre Ursache deiner eifrigen Bücherliebhaberei liegt offen genug zutage. Und ich war in der Tat recht dumm, dass ich sie nicht schon längst erkannte. Du bist die Sache recht klug angegangen, wie du dir wenigstens vorstellst, und machst dir keine geringen Hoffnungen, wenn der Kaiser, dieser weise, die Gelehrsamkeit hoch in Ehren haltende Mann von dir hören werde, was für eine große Büchersammlung du zusammenkaufst. Du werdest, so bildest du dir ein, in Kürze alles bei ihm gelten.

(23) Wie? Du Schandbube! Meinst du, der Herrscher werde von der Tollkirsche schläfrig genug sein, wenn er jenes von dir hört, nicht auch das in Erfahrung zu bringen, was du bei Tage treibst, und bei welchen Gelagen und mit welchen Schlafgesellen du die Nächte verbringst? Weißt du nicht, dass die Könige viele Augen und Ohren haben? Und dein Tun und Treiben ist so offenkundig, dass auch Blinde und Taube davon zu sagen wissen. Du brauchst ja nur den Mund zu öffnen, brauchst nur im Bad dich zu entkleiden – ja wenn man auch nur deine Sklaven nackt sieht, was glaubst du – kommen da nicht sogleich die Geheimnisse deiner Nächte an den Tag? Sag mir doch, wenn euer Sophist Bassus[278] oder der Flötenspieler Batalos[279] oder der berüchtigte sybaritische Wüstling

278 Eine sonst unbekannte Person.

279 Ein wegen seiner Weichlichkeit und Lasterhaftigkeit sprichwörtlicher Aulosspieler des 4. Jhs. v.Chr.

Hemitheon,[280] dem ihr euer vortreffliches Gesetzbuch verdankt, wie man die Haut glätten und aushaaren solle, was man zu beachten habe, wenn man der passive Teil ist, was, wenn man der aktive ist, wenn ein solcher eine Löwenhaut umziehe und mit einer Keule in der Faust umherginge – meinst du, die Leute würden ihn dann für einen Herkules halten? Nein, wahrhaftig, sie müssten die Augen mit Töpfen von Augenbutter voll haben. Denn die Kennzeichen, die diesen Aufzug Lügen straften, wären gar zu viele: der Gang, die Stimme, der gesenkte Kopf, das Bleiweiß, der Mastix, die rote Schminke, womit ihr euch zu verschönern sucht – kurz, es wäre leichter, fünf Elefanten unter der Achsel zu verbergen, als einen einzigen Wüstling. Wenn also sogar eine Löwenhaut einen Menschen nicht verbirgt – wie kannst du hoffen, hinter einem Buch unerkannt zu bleiben? Werden dich jene Merkmale, die ihr alle miteinander gemein habt, nicht verraten und enthüllen?

(24) Überhaupt scheinst du gar nicht zu wissen, dass man das, was man sein und werden will, nicht bei den Büchertrödlern suchen, sondern auf sich selbst, auf seinen eigenen Charakter und seine Sitten gründen müsste. Du hingegen glaubst, die besten Zeugen, die für dich sprechen könnten, an den Bücherkopisten Attikos und Kallinos zu haben, an Menschen, die doch unbarmherzig mit dir umgehen und dich demnächst, wenn es die Götter wollen, gänzlich ruiniert und an den Bettelstab gebracht haben werden. Noch ist es Zeit – aber die höchste –, zu Verstand zu kommen, deine Bibliothek an irgendeinen Gelehrten

280 Möglicherweise ist hier der Dichter der Sybaritica gemeint, einer Gedichtsammlung, von der Ovid sagt, dass ihr Verfasser es weit eher verdient hätte, nach Tomis verbannt zu werden als er (Tristien 2,417).

zu verkaufen und mit ihr dein neu erbautes Haus, um damit wenigstens etwas an den ungeheuren Schulden zu bezahlen, die du bei den Sklavenhändlern offen hast.

(25) Denn diese zwei Dinge waren von jeher Gegenstand deines Dichtens und Trachtens, kostbare Bücher zusammenzukaufen und junge Burschen, die schon dem zarten Alter entwachsen sind, anzuschaffen. Ganz ungemein ist der Eifer, mit welchem du auf diese beiden Dinge Jagd machst. Allein, für beide reicht dein beschränktes Vermögen nicht. Guter Rat ist ein heilig Ding.[281] Darum sage ich dir: Lass die Sucht nach Büchern fahren, die dich ja doch nichts angehen, und pflege deiner zweiten Leidenschaft und jener Dienstwilligen, die du wohlgemerkt immer um bares Geld zur Hand haben musst. Denn wolltest du, in Ermangelung dieser Gattung, Freigeborene an dich locken und bliebe der Gewinn, den sie bei dir machten, unter ihrer Erwartung, so würden sich diese nichts daraus machen, außer in deinem Hause alles auszuplaudern, was bei dir nach aufgehobener Tafel vorzugehen pflegt. Wie denn vor Kurzem ein solcher Schuft, der eben dich verlassen hatte, das Schändlichste von dir erzählte und sogar die Spuren erhaltener Liebesbisse vorwies. Leute, die dabei gewesen sind, werden mir bezeugen, wie ich mich für dich ereiferte und wie wenig fehlte, dass ich ihn nicht im Zorn durchgeprügelt hätte, zumal er sich noch auf das Zeugnis dieses und jenes anderen berief, die Ähnliches erfahren hatten und viel davon zu erzählen wussten. Spare also dein Geld für diesen Gebrauch, mein sauberer Freund, damit du zu Hause in voller Sicherheit dergleichen vornehmen und mit dir vornehmen lassen kannst. Denn wer vermöchte dich dazu überreden, es zu unterlassen? Ein

281 Platon, Theagenes, 122b.

Hund, der einmal Leder gefressen hat, wird es so leicht nicht aufgeben.

(26) Umso leichter ist für dich das andere, nämlich keine Bücher mehr zu kaufen. Du bist ja jetzt gelehrt genug für dich, alles Treffliche des ganzen Altertums hast du ja fast schon mit der Zungenspitze berührt, kennst die gesamte Geschichte, hast alle Regeln der Rhetorik inne, weist alle Schönheiten und Fehler des Ausdrucks zu nennen und den ganzen Vorrat attischer Wörter zu gebrauchen. Kurz, deine vielen Bücher haben dich auf den Gipfel des Wissen gehoben, sie haben ein wahres Wunder von einem Gelehrten aus dir gemacht. Denn weil du dich ja doch so gerne von anderen zum Besten halten lässt – was hindert dich, dass auch ich mir einen Spaß mit dir mache?

(27) Ich möchte doch gerne von dir wissen, welche Bücher von so vielen du am liebsten und fleißigsten liest? Etwa den Plato? Oder einen Antisthenes,[282] Antiochos,[283] Hipponax?[284] Oder sind dir alle diese nicht wichtig genug und du gibst dich vielleicht am meisten mit den Rednern ab? Sag mir nur, liest du auch die Rede des Aischines gegen Timarchos?[285] Oder sind dir diese Sachen alle schon

---

282 Antisthenes von Athen, griechischer Philosoph, Sokratiker des 5./4. Jhs.

283 Wahrscheinlich ist hier Antiochos von Askalon gemeint, ein griechischer Philosoph des 2./1. Jhs. v.Chr. Er leitete die Akademie in Athen und war Lehrer Ciceros.

284 Hipponax von Ephesos, griechischer Jambendichter des 6. Jhs. v.Chr., der im Exil in Klazomenai in bitterer Armut lebte. Er verfasste vorwiegend Spottlieder und dergleichen, bisweilen in derber Form. Er passt insofern nicht in die Reihe mit Plato, Antisthenes und Antiochos.

285 Aischines klagte Timarchos der nachlässigen Amtsführung, Zuchtlosigkeit und Schwelgerei an, was die politische Laufbahn Timarchos', wie es scheint, beendete. Sie dürfte also Vorwürfe enthalten haben, die denen des Verfassers gegen den Büchernarren überaus ähnlich waren.

zu sehr bekannt? Hast du dir etwa den Aristophanes[286] und Eupolis[287] vorgenommen, und kennst du das Lustspiel des Letzteren, die Baptai?[288] Fühltest du dich nie darin getroffen? Bist du nie rot geworden, wenn du dich selbst in jenen Personen erkanntest? Das Wunderlichste bleibt immer, welche Neigung dich treiben kann, Bücher in die Hände zu nehmen. Und welche Hände sind es, mit denen du sie aufrollst? Um welche Zeit liest du sie? Bei Tage? Und doch hat niemand dich je bei Tage lesen gesehen. Oder bei Nacht, also wenn du bereits deiner anderen Liebhaberei obliegst? Oder ehe diese letzteren Studien angehen und ehe es völlig Nacht wird, solange du zu jenen Werken der Finsternis noch nicht das Herz hast?

(28) Weg mit den Büchern! Bleibe du einzig und allein bei deinem eigentlichen Handwerk! Wiewohl, auch dies solltest du nicht länger treiben, sondern die Worte Phaidras bei Euripides beachten, die in ihrem Unwillen über die Frauen sagt:

Zittern sie nicht, dass die Mitschuldige ihrer Schande,
die Nacht, an ihnen zur Verräterin werde?
Nicht, dass, wenn alles schweigt, die Wände reden?[289]

Wenn du dich denn aber doch einmal dafür entschieden hast, in deiner Leidenschaft zu beharren, so geh und kaufe Bücher. Schließe dich damit in dein Haus ein und weide dich am Glanz deines Besitzes. Aber daran lass dir ge-

---

286 Aristophanes war der berühmteste griechische Komödiendichter und lebte im 5. Jh. v.Chr., dessen Neigung zur Verspottung berüchtigt war.

287 Eupolis von Athen, Komödiendichter des 5. Jhs. und Konkurrent Aristophanes'.

288 In der Komödie Baptai wandte sich Eupolis gegen die nächtlichen Feiern für die thrakische Göttin Kotyto, die von Ausschweifungen begleitet waren.

289 Euripides, Hippolytos, 417 f.

nügen. Nie soll dir einfallen, sie mit deinen Händen zu berühren, sie zu lesen und die Reden und Gedichte der Alten, die dir nichts zuleide getan haben, auf deine Zunge zu nehmen. Doch ich weiß, all dies ist zu dir wie in den Wind gesprochen. Es ist, als ob ich einen Mohren bleichen wollte. Du wirst fortfahren zu kaufen, was du nicht brauchen kannst, und der Spott aller Gebildeten zu sein, welchen es genügt, sich aus Werken zu bereichern, deren Wert in den Gedanken und ihrem Ausdruck, nicht aber in einem kostbaren und prächtigen Äußeren besteht.

(29) Du glaubst, die Schande deiner Unwissenheit damit zu bedecken, dass du anderen mit einer großen Büchersammlung imponierst, ohne zu merken, dass dies kein anderes Verfahren als das der ungeschicktesten Ärzte ist, welche elfenbeinerne Salbenbüchsen, silberne Schröpfköpfe und reich mit Gold verzierte Messer benutzen, die aber, wenn es darauf ankommt, sie zu gebrauchen, nicht damit umzugehen wissen, während der Mann, der seine Sache gelernt hat, mit seiner wohl gespitzten Lanzette erscheint, die im Übrigen so verrostet sein mag, wie sie will, und den Kranken sicher und leicht von seinen Schmerzen befreit. Oder, um einen possierlicheren Vergleich zu gebrauchen, betrachte einmal die Bartscherer, und du wirst finden, dass die Geschickten unter ihnen mit einem guten Schermesser, etlichen kleinen Schabmesserchen und einem Spiegelchen von angemessener Größe ausgestattet sind, während die Pfuscher eine Menge Messer und einen großen Spiegel[290] ausgekramt haben und sich dennoch sogleich verraten, dass sie nichts von ihrem Handwerk verstehen. Dabei ist es lustig zu sehen, wie diese Leute das eigene Missgeschick haben, dass man sich gewöhnlich erst

290 Dieser pflegte sinnvollerweise außen am Geschäft zu hängen.

beim Nachbarn rasieren lässt und dann erst kommt und vor den großen Spiegel tritt, um seine Haare in Ordnung zu bringen.

(30) Auch du könntest deine Bücher, die du selbst nicht verwenden kannst, wenigstens anderen borgen, die dich darum bäten. Allein, noch nie hast du jemandem ein Buch geliehen, du gleichst hierin ganz dem Hund, der sich in die Krippe auf die Gerste legte, die er selbst nicht fraß, aber auch dem Pferd nicht gönnte, das sie hätte fressen können.

Dies ist es, was ich dir dieses Mal wegen deiner Bücher in aller Freimütigkeit sagen wollte. Von den anderen Schändlichkeiten, die du dir erlaubst, sollst du ein anderes Mal, und mehr als einmal, zu hören bekommen.

Die Verleumdung

Inhalt: Ursachen, Wesen und Folgen der Verleumdung werden erörtert und mit Beispielen erläutert.

(1) Ein großes Übel und die Quelle vielen Unheils für die Menschen ist unstreitig die Unwissenheit. Sie hüllt die Gegenstände gleichsam in einen Nebel, verbirgt uns die Wahrheit und beeinflusst unser Leben dergestalt, dass es uns ergeht wie denen, die im Finstern tappen, oder vielmehr wie Blinden, die, weil sie nicht sehen, was vor ihren Füßen liegt, bald etwas anstoßen, bald weiter gehen, als sie sollten, bald aber auch ein beschwerliches Hindernis als naheliegend fürchten, das weit von ihnen weg liegt. Daher begehen wir in allem, was wir tun, unaufhörlich Fehltritte. Und eben dies ist es, was den Tragödiendichtern schon tausendfachen Stoff für ihre Dramen geliefert hat, wie die Geschichte der Labdakiden[291] und der Pelopiden[292] und anderer beweist. Man wird finden, dass fast alles Unglück, das auf der Bühne auftaucht, von der Unwissenheit als einem wahren tragischen Dämon herbeigeschafft wird. Dies gilt ganz besonders von den unwahrhaften Angebereien gegenüber den nächsten Verwandten und Freunden, wodurch schon ganze Familien zugrunde gerichtet, Städte und Staaten gänzlich zerrüttet, Eltern und Kinder, Geschwister, Liebende und Geliebte gegeneinander bis zur Wut erbittert worden sind. Wie oft haben sich nicht

291 Königshaus von Theben.
292 Königshaus von Mykene.

schon Freunde für immer entzweit, wie viele häusliche Verhältnisse die größten Störungen erlitten nur wegen Verleumdungen, die man glaubwürdig zu machen wusste.

(2) Damit wir nun möglichst nie in solche Unglücksfälle geraten mögen, habe ich mir vorgenommen, in dieser Schrift wie in einem Gemälde die Verleumdung nach ihrem Wesen, ihrem Ursprung und ihren Wirkungen darzustellen, obgleich mir Apelles aus Ephesos[293] schon längst mit einem solchen Gemälde zuvorgekommen ist. Dieser Apelles war bei Ptolemaios[294] verleumdet worden, er sei an dem Verrat des Theodotos in Tyros[295] beteiligt gewesen. Und doch hatte Apelles die Stadt Tyros ebenso wenig je gesehen, wie er auch den Theodotos kannte, von welchem er nur gehört hatte, dass er von Ptolemaios zum Statthalter von Phoinikien ernannt worden war. Dennoch hatte einer seiner Kunstgenossen, Antiphilos[296] mit Namen, der ihm seine Meisterschaft und die Achtung missgönnte, die Apelles bei Ptolemaios genoss, beim König gegen ihn ausgesagt, er hätte über alle Anschläge des Theodotos Bescheid gewusst, und er sei in Phoinikien an der Tafel desselben gesehen worden, wie er während

293 Chronologisch kann es sich hier nicht um den berühmten Apelles handeln, von dem allein Alexander d.Gr. nur gemalt werden wollte, denn die vorliegende Geschichte spielt 100 Jahre nach dem Tod Alexanders.

294 Hier Ptolemaios IV. Philopator, König von Ägypten ab 221 v.Chr.

295 Theodotos war Feldherr des Ptolemaios von Ägypten und übergab 218 aus Zorn über seine Rückberufung nach Alexandria Tyros mit 40 Schiffen an Antiochos von Syrien. Im folgenden Jahr begab er sich, inzwischen Feldherr des Antiochos, vor der Schlacht bei Rapheia in das Lager der Ägypter, um Ptolemaios zu töten, fand ihn aber nicht und tötete dafür den Arzt Andreas.

296 Antiphilos von Aigina, ein Maler des späten 4. Jhs. v.Chr. und Rivale des Apelles, der vor allem für die Wirkung der Leichtigkeit in seinen Gemälden berühmt war. Er soll auch Grylloi (Karikaturen) verfertigt haben.

der ganzen Mahlzeit ihm ins Ohr geflüstert habe; kurz, den Abfall von Tyros und die Übergabe von Pelusium[297] wusste er so darzustellen, als wäre beides aus der Beratung des Apelles hervorgegangen.

(3) Ptolemaios, der überhaupt kein Mann von starkem Geist und unter knechtischen Schmeichlern aufgewachsen war, ließ sich durch diese gänzlich unwahrscheinliche Verleumdung dergestalt in Zorn versetzen und aus aller Fassung bringen, dass er keinen der Umstände in Betracht zog, die vor allem zu berücksichtigen gewesen wären: einmal, dass der Informant ein Rivale des Apelles war, dann, dass die Person des Malers viel zu unbedeutend war, um einem verräterischen Unternehmen von solcher Wichtigkeit gewachsen gewesen zu sein; zudem, dass er so viele Wohltaten von ihm genossen und mehr als alle seine Künstlerkollegen in seiner Gunst gestanden hatte. Nicht einmal zu fragen fiel ihm ein, ob Apelles denn wirklich einmal nach Tyros gereist sei. Vielmehr überließ er sich seinem augenblicklichen Zorn, erfüllte seine Residenz mit Geschrei und Raserei über den Undankbaren, den Verräter, den Schurken. Und hätte nicht einer der Gefangenen, empört über die Schändlichkeit des Antiphilos und aus Mitleid mit dem unglücklichen Apelles die Erklärung abgegeben, dass dieser Mann durchaus einen Anteil an dem ganzen Plan hatte, so hätte er, so unschuldig er war, den Verlust von Tyros mit seinem Kopf bezahlen müssen.

(4) Ptolemaios schämte sich nun des Vorfalls, sodass er, wie man erzählt, dem Apelles ein Geschenk von 100 Talenten machte, den Antiphilos hingegen zu dessen Leibeigenen erklärte. Allein, Apelles konnte die Gefahr, in welcher er geschwebt hatte, so wenig vergessen, dass

297 An Antiochos von Syrien.

er sich für jene Verleumdung durch folgendes Gemälde schadlos hielt.

(5) Auf der rechten Seite sitzt ein Mann mit langen Ohren, denen wenig fehlt, um für Midasohren[298] gehalten zu werden. Seine Hand ist in Richtung der von fern auf ihn zukommenden Verleumdung ausgestreckt. Neben ihm stehen zwei weibliche Gestalten, die ich für die Unwissenheit und das Misstrauen halte. Von der linken Seite her nähert sich ihm die Verleumdung in Gestalt eines ungemein reizenden aber aufgeregten und verstörten Mädchens, deren Züge und Gebärden Wut und Zorn verraten. In der Linken hält sie eine brennende Fackel, mit der Rechten schleppt sie einen jungen Mann an den Haaren herbei, der die Hände gen Himmel emporhält und die Götter als Zeugen anruft. Vor ihr her geht ein bleicher, hässlicher Mann mit scharfem Blick, der ganz so aussieht, als ob ihn eine lange Krankheit abgezehrt hätte, und den wohl jeder als den Neid erkennen wird. Hinterher gehen zwei weibliche Gestalten, welche der Verleumdung zuzusprechen, sie herauszuputzen und zu schmücken scheinen. Diese sind, wie mir der Ausleger des Gemäldes sagte, die Arglist und die Täuschung. Ganz hinten folgt eine trauernde Gestalt in schwarzem und zerrissenem Gewand, die Reue nämlich, die sich weinend rückwärts wendet und verschämte Blicke auf die herannahende Wahrheit wirft. So hat Apelles seine eigene missliche Erfahrung auf dem Gemälde dargestellt.[299]

(6) Machen wir den Versuch, mit einem ähnlichen kunstmäßigen Verfahren wie der Maler aus Ephesos die

298 Midas hatte von dem Gott Apoll, dessen Ärger er erregt hatte, Eselsohren erhalten.

299 Die Beschreibung Lukians inspirierte Sandro Botticelli zu seiner Darstellung der Verleumdung in den Uffizien in Florenz.

Verleumdung mit allen ihr zukommenden Merkmalen zu schildern, indem wir zuerst, um das Bild nun anschaulicher zu machen, die Begriffsbestimmung derselben, gleichsam den Umriss, voranschicken: »Die Verleumdung ist also eine Art von Anklage, von welcher der Angeklagte, weil sie hinter seinem Rücken geschieht, gar nichts weiß, welche dem einen Teil, ohne den Widerspruch des anderen zu hören, geglaubt wird.« Dieser Satz mache den Gegenstand unserer Erörterung aus. Und da, wie in einem Drama, drei verschiedene Personen ins Spiel kommen, der Verleumder, der Verleumdete und der, welchem die Verleumdung hinterbracht wird, so nehmen wir uns dieselben einzeln vor, um zu sehen, was bei jedem derselben der Fall zu sein pflegt.

(7) Zuerst also lassen wir die Hauptperson, den Erfinder der verleumderischen Anzeige, auftreten. Dass nun dieser kein sittlich guter Mensch sein kann, ist, denke ich, eine ausgemachte Sache. Ein sittlich guter Mensch wird niemals seinem Nächsten absichtlich Böses zufügen, sondern sich dadurch, dass er seinen Freunden Gutes erweist, nicht aber dadurch, dass er ungerechte Beschuldigungen gegen andere vorbringt und ihnen den Hass der Leute zuzieht, Ansehen und Wohlwollen bei anderen zu gewinnen suchen.

(8) Es ist im Gegenteil sehr leicht ersichtlich, wie ungerecht, gesetzeswidrig und gottlos der Verleumder handelt, und wie sehr er denen Schaden zufügt, mit denen er verkehrt. Wenn es unbestritten ist, dass die Gerechtigkeit völlige Gleichheit erfordert, sodass keiner vor dem anderen etwas voraushabe, dass hingegen die Ungerechtigkeit in einer Übervorteilung des anderen bestehe, wie sollte da derjenige nicht ungerecht handeln, der sich gegen einen Abwesenden heimlich der Verleumdung bedient, da er sich

ja des Zuhörers zum Nachteil des anderen völlig bemächtigt, seine Ohren gleichsam im Voraus in Beschlag nimmt und, indem er sie mit seinem schlimmen Gerede anfüllt, der Gegenrede des andern den Zugang gänzlich versperrt? Dass dies der höchste Grad von Ungerechtigkeit sei, erklärten auch die vorzüglichsten Gesetzgeber, ein Solon und ein Drakon, indem sie die Richter eidlich verpflichteten, beiden Teilen gleiches Gehör zu schenken und keinem Teil weniger wohlgesonnen sein zu wollen als dem anderen, bis die eine Rede gegen die andere gehalten worden sei und sie herausgefunden hätten, wessen Sache die bessere oder die schlimmere gewesen sei. Sie sprachen damit aus, dass, bevor jener prüfende Vergleich von Anklage und Rechtfertigung stattgefunden habe, jedes Urteil in der Sache gewissenlos und eine Sünde gegen die Götter sei. Denn mit Recht können wir behaupten, dass auch die Götter tiefen Unwillen darüber empfinden, wenn wir dem Ankläger gestatten, ohne Scheu alles Beliebige vorzubringen, während wir gegen den Beklagten unsere Ohren verstopfen oder ihn, ohne dass er zu Wort gekommen ist, befangen von der Rede des Ersten, verurteilen. So ist also die Verleumdung ebenso eine Verletzung des Rechts überhaupt wie auch dessen, was die Gesetze und der richterliche Eid vorschreiben. Und wenn je das Ansehen der Gesetzgeber, welche zur Rechtlichkeit und zur Vermeidung einseitiger Verurteilung aufforderten, nicht gewichtig genug erscheinen sollte, so will ich einen der trefflichsten Dichter zitieren, der sich im folgenden Spruch oder vielmehr Gesetz sehr bestimmt hierüber ausgedrückt hat:

Richte nicht, bevor du nicht auch die andere Seite gehört hast.

Ohne Zweifel war auch dieser Dichter überzeugt, dass es unter den vielen Arten der Ungerechtigkeiten, welche im menschlichen Leben begangen werden, keine größere geben könne, als einen Menschen zu verdammen, ohne ihm das Wort gegönnt und seine Sache erwogen zu haben. Und eben dies ist es ja, was der Verleumder beabsichtigt, indem der Verleumdete dem Hass des Dritten ohne weitere Untersuchung anheimfällt und durch die Heimlichkeit der Anklage der Möglichkeit beraubt ist, sich zu rechtfertigen.

(9) Menschen dieser Art sind zu feige, um offen und ehrlich zu Werke zu gehen. Sie lauern wie Wegelagerer auf eine Gelegenheit, ihre Pfeile aus dem Verborgenen abzuschießen, sodass man seinen Feind nicht kennt, sondern sich, ohne sich wehren zu können, zugrunde richten lassen muss. Gerade dieses Verfahren aber beweist, wie unhaltbar die Aussagen des Verleumders sind. Denn wer sich bewusst ist, dass er die Wahrheit sagt, spricht sie auch offen aus und beweist dem Gegner ins Gesicht, dass es die Wahrheit sei. Keiner, der stark genug ist, einen offenen Sieg zu erfechten, wird Schleichwege und Betrug gegen seinen Feind gebrauchen.

(10) Am häufigsten findet man Leute dieses Schlags an den Höfen der Fürsten und unter den Günstlingen der Mächtigen und Großen, wo sich Neid und Argwohn aller Art und tausendfacher Anlass zu Schmeichelei und Verleumdung finden. Denn wo die größten Hoffnungen genährt werden, ist auch der Neid umso erbitterter, der Hass umso gefährlicher, die Eifersucht umso arglistiger. Man beobachtet sich gegenseitig mit scharfem Auge, lauert wie im Zweikampf, wo beim Gegner etwa eine Blöße zu erspähen ist. Jeder will hier der Erste sein und drängt und stößt seinen Nebenmann auf die Seite. Dem aber, der vor ihm ist, versucht er nach Möglichkeit ein Bein zu stellen und ihn zu Fall zu bringen. Der Rechtschaffene ist

hier meist rettungslos verloren. Er wird gestürzt und am Ende mit Schimpf und Schande fortgejagt. Wer am besten schmeicheln kann, wessen arglistige Kniffe den meisten Eingang finden, der steht in höchster Ehre. Überhaupt gewinnt hier nur der, der die anderen verdrängt. Doch oft bewährt sich auch das Wort Homers:

Gleich ist Ares gesinnt, und oft schlägt er auch den Schlagenden.[300]

Und als ob der Gegenstand ihres Streites von größter Wichtigkeit wäre, so ersinnen diese Menschen die verschiedensten Mittel und Wege, um einander beizukommen. Das kürzeste und sicherste Mittel aber zum Verderben des anderen ist die Verleumdung. Ihr Ursprung ist Neid, Hass und die Hoffnung auf den eigenen Vorteil. Ihre Wirkungen aber sind die verderblichsten und traurigsten und reich an vielfältigem Ungemach.

(11) Übrigens ist es keine so leichte und einfache Sache um die Verleumdung, wie sich vielleicht mancher einbildet. Vielmehr erfordert sie ein sehr kunstvolles, besonnenes und behutsames Verfahren. Denn sie wäre nicht in der Lage, so großen Schaden anzurichten, wenn sie sich nicht Zutrauen zu verschaffen wüsste. Sie würde nie die allgewaltige Wahrheit übertreffen, wenn sie nicht Einschmeichelung und Überredung und tausend andere Reize bei ihren Zuhörern in Bereitschaft hätte.

(12) Der Verleumdung ist gewöhnlich derjenige am meisten ausgesetzt, der in hohen Ehren bei einem Großen steht, was ihn eben zu einem Gegenstand der Missgunst bei allen macht, die er hinter sich lässt. Alle diese drücken auf ihn, in welchem sie das einzige Hindernis ihres Emporkommens sehen, ihre Geschosse ab. Denn jeder glaubt un-

300 Homer, Ilias, 18,309.

fehlbar der Erste zu sein, wenn er nur erst diesen Vormann aus dem Felde geschlagen habe und ihn aus der Gunst des Großen verdrängt habe. Es geht hier zu wie sonst bei den Wettkämpfern in den gymnischen Spielen. Der gute Läufer rennt, sobald das Schrankenseil gefallen ist, gerade vorwärts, mit seinen Gedanken nur auf das Ziel gerichtet. Und weil er alle Hoffnung des Sieges nur auf seine Füße gesetzt hat, so tut er seinem Nebenmann nichts zuleide und versucht keine faulen Tricks, um seine Konkurrenten zu übervorteilen. Der schlechte, zum Sieg nicht berufene Mitkämpfer aber, der sich von seiner Schnelligkeit nichts versprechen darf, nimmt seine Zuflucht zu unerlaubten Mitteln und ist nur darauf bedacht, wie er den anderen zurückhalten und in seinem Lauf hemmen könnte, weil ihm klar sein muss, dass er, wenn dies fehlschlüge, den Preis unmöglich erhalten würde. Ebenso pflegt es mit der Gunst der Mächtigen und Reichen zu gehen. Auch hier ist der Vorderste sogleich den Nachstellungen der Übrigen ausgesetzt, und lässt er sich einmal mitten unter seinen Widersachern bei einer Unvorsichtigkeit ertappen, so ist er verloren. Und diese gelten nun dafür, dass sie jemandem zu schaden wussten, zum Dank als treue Freunde und sind von nun an die Begünstigten.

(13) Ob man ihre Verleumdung glaubwürdig finde, überlassen sie natürlich nicht dem Zufall, sondern ihr ganzes Dichten und Trachten muss darauf gerichtet sein, ihrem Opfer etwas anzuhängen, was nicht ungereimt und widersprüchlich erscheinen wird. Am meisten wissen sie daher, ihren Beschuldigungen dadurch Wahrscheinlichkeit zu verleihen, dass sie die Eigenschaften des Verleumdeten ins Schlimmere verdrehen, indem sie z.B. einen Arzt der Giftmischerei, einen Reichen herrschsüchtiger Pläne, einen Diener des Alleinherrschers des Verrates bezichtigen.

(14) Nicht selten gibt der Mann selbst, bei welchem die Verleumdung angebracht werden soll, den Anlass dazu, und je besser sich solche Bösewichte nach dem Charakter desselben zu richten wissen, desto glücklicher treffen sie ins Ziel. Wissen sie z.B., dass er eifersüchtig ist, so sagen sie: »Dieser hat deiner Gemahlin über die Tafel zugewinkt und seine Blicke mit Seufzern begleitet. Auch schien es, als ob Stratonike[301] ihn gar nicht finster, sondern mit recht verliebten Augen ansehe.« Und nun folgen einige Geschichtchen zum Beweis, dass er auch sonst ein Ehebrecher sei. Oder der Mann, bei dem einer angezeigt werden soll, ist ein Dichter und gibt selbst viel auf seine Verse. Gleich heißt es: »Es ist doch himmelschreiend, Philoxenos[302] hat lachend deine Verse durchgesehen und behauptet, sie seien zusammengestoppeltes

---

301 Zwei Frauen dieses Namens sind recht bekannt:
Die ältere der beiden war die Ehefrau von Alexanders General, dem späteren König von Makedonien Antigonos I. und Mutter von Demetrios I. Poliorketes. Plutarch berichtet, dass an der Vaterschaft des Antigonos Zweifel bestanden und auch dessen Bruder in Betracht gezogen wurde. In Abwesenheit ihres Mannes überwältigte Stratonike mit einem Heer während der Diadochenkämpfe aufständische Feinde des Antigonos. Später kurz in Gefangenschaft bei den Ptolemäern in Ägypten, scheint sie ihren Lebensabend bei ihrem Sohn Demetrios verbracht zu haben.
Ihre Enkelin Stratonike, 317–268, Tochter des Makedonenkönigs Demetrios I. Poliorketes, ab 300 Ehefrau von König Seleukos I., Herrscher des Seleukidenreiches, der sie 293 seinem Sohn Antiochos überließ, da sich dieser so unsterblich in sie verliebt hatte, dass er angesichts ihrer Unerreichbarkeit für ihn depressiv zu werden drohte. Mit Antiochos, der sieben Jahre älter war als sie, hatte sie einen Sohn, Antiochos II.

302 Philoxenos von Kythera, ca. 435–380, war ein Dithyrambendichter. Durch Kriegsgefangenschaft geriet er in die Sklaverei, wurde aber von seinem Herrn Melanippides in der Musik ausgebildet und freigelassen. Längere Zeit verbrachte der in Sizilien am Hof Dionysios I., der ihn wegen Kritik an seiner Dichtung zur Arbeit im Steinbruch verdammte.

Zeug ohne Rhythmus und Wohlklang.« Ist der Dritte aber ein frommer und gottesfürchtiger Mann, so wird sein Günstling bei ihm als Atheist und Religionsverächter angeschwärzt, der von nichts Göttlichem wissen wollte und die Vorsehung leugne. Diese Worte treffen jenen wie ein Bremsenstich in die Ohren. Augenblicklich steht er in Feuer und Flammen und wendet sich mit Abscheu von seinem Freund, ohne sich zu gedulden, bis er die Sache genauer untersucht hätte.

(15) Kurz, immer sinnen sie auf solche Aussagen, von welchen sie wissen, dass sie am meisten geeignet sind, Widerwillen gegen den Verleumdeten beim Zuhörer hervorzubringen. Immer zielen sie mit ihren Geschossen auf den verwundbarsten Punkt desselben, damit er, durch den ersten Zorn außer Fassung gesetzt, sich nicht die Zeit nehmen möge, die Wahrheit zu erforschen, und, in Beschlag genommen durch das Überraschende der vermeintlich wahren Aussage, einer etwaigen Rechtfertigung nicht einmal Gehör schenke.

(16) Die wirksamste Art der Verleumdung ist nämlich immer, etwas anzubringen, was der Neigung des Hörers zuwiderläuft. So brachte z.B. einmal einer bei Ptolemaios,[303] der den Beinamen Dionysos führte, an, der Platoniker Demetrios[304] sei ein Wassertrinker und der einzige, der am Dionysosfest[305] keine Frauenkleider anziehe. Und

303 Ptolemaios I. Auletes, General Alexanders des Großen, nach dessen Tod er Herrscher über Ägypten wurde.

304 Demetrios von Phaleron, ca. 345–280, verwaltete ab 318 v.Chr. sehr erfolgreich die Stadt Athen, bis er 307 vor Demetrios Poliorketes nach Ägypten floh, wo ihn Ptolemaios I. gastfreundlich aufnahm und an der Errichtung der Bibliothek von Alexandria beteiligte. Ptolemaios II. vertrieb ihn ins Exil nach Oberägypten.

305 Der Kult des Weingottes Dionysos gelangte in hellenistischer Zeit auch in die von Alexander eroberten Gebiete. Der Gott selbst,

hätte jener nicht, da er vor den König gerufen wurde, am frühen Morgen schon unter aller Augen Wein getrunken und in einem tarentinischen Frauenrock zur Schellentrommel getanzt, so hätte ihm sein Missfallen an der üppigen Lebensart des Ptolemaios und sein Philosophieren dagegen ihm das Verderben bereitet.

(17) Bei Alexander gab es keine schwerere Anklage als jemandem nachzusagen, er habe keine Lust, Hephaistion[306] anzubeten und vor dessen Bild zu knien. Nach Hephaistions Tod wollte nämlich Alexander zu seinen übrigen Großtaten auch die hinzufügen, dass er den verstorbenen Liebling zu einem Gott ernannte. Unverzüglich bauten die Städte diesem neuen Gott Tempel, weihten ihm heilige Bezirke, errichteten ihm Altäre, stifteten Opfer und Feste, und der höchste Schwur in aller Munde war jetzt Hephaistion. Lächelte nun einer über dieses Treiben oder erschien er auch nur nicht andächtig genug dabei, so hatte er seinen Kopf verwirkt. Diese kindische Liebhaberei Alexanders wussten seine Schmeichler zu nutzen, und sie unterließen es nicht, ihn immer mehr aufzuregen, indem sie von den Träumen und Erscheinungen Hephaistions erzählten und ihm wunderbare Heilungen und Orakel zuschrieben. Am Ende opferten sie ihm gar als dem »hilfreichen, Unheil abwendenden Gott«. Alexander hatte seine Freude daran, glaubte es am Ende selbst

---

Sohn des Zeus, konnte sowohl als kräftiger Mann als auch mit femininen Zügen dargestellt werden. Die Feiern ihm zu Ehren waren oft mit Ausschweifungen verschiedenster Art verbunden.

306 Hephaistion, Sohn Amyntors, ca. 360–324, Feldherr unter Alexander d.Gr., dessen bester Freund und vielleicht Geliebter, der besonders das Programm der Völkerverschmelzung massiv unterstützte. Bei der Massenhochzeit von Susa wurde Hephaistion Alexanders Schwager. Nach seinem frühen Tod wurde er von Alexander zu einem Halbgott erklärt.

und bildete sich nicht wenig darauf ein, dass er nicht nur der Sohn des höchsten Gottes, sondern auch in der Lage sei, selbst Götter zu schaffen. Es lässt sich denken, dass zu jener Zeit manche aus Alexanders Umgebung durchaus Nachteil von der Göttlichkeit Hephaistions hatten, indem sie auf die Beschuldigung hin, dass sie der allgemein anerkannten Gottheit die Verehrung versagten, der Gnade des Königs für verlustig erklärt und fortgejagt wurden.

(18) So fehlte z.B. nicht viel, dass Agathokles von Samos, ein Unterfeldherr Alexanders, der sehr viel bei ihm gegolten hatte, zu einem Löwen eingesperrt worden wäre, weil jemand über ihn ausgesagt hatte, er hätte im Vorbeigehen an Hephaistions Grab Tränen vergossen. Zum Glück kam ihm noch Perdikkas[307] mit der bei allen Göttern und bei Hephaistion selbst eidlich beteuerten Versicherung zu Hilfe, dass ihm auf der Jagd der Gott Hephaistion sichtbar erschienen sei und ihm befohlen habe, Alexander zu sagen, er solle Agathokles verschonen, denn dieser habe nicht aus Unglaube und weil er den Hephaistion für tot hielte, geweint, sondern weil er der alten Freundschaft gedacht habe.

(19) Schmeichelei und Verleumdung hatten also in dieser Schwachheit Alexanders einen trefflichen Spielraum gefunden. Gerade wie der Feind bei einer Belagerung nicht die hohen, steilen und sicheren Punkte der Festung angreift, sondern, wo er eine niedrige oder schlecht bewachte oder baufällige Stelle gewahr wird, gegen diese mit aller Macht anrückt in der sicheren Erwartung, von hier aus am leichtesten in die Stadt eindringen und sie

307 Perdikkas stammte aus einer makedonischen Adelsfamilie und gehörte zu den Generälen und engen Freunden Alexanders. Er war einer der Diadochen, die um Alexanders Nachfolge kämpften, blieb aber erfolglos.

nehmen zu können, so richten auch die Verleumder ihre Maschinen immer gegen die schwache, mürbe und zugängliche Seite des Gemüts und erstürmen es, ohne dass sich dasselbe zur Wehr setzt, ja ohne, das es den Angriff auch nur bemerkt. Sind sie aber einmal eingedrungen, so hausen sie darin wie in einer eroberten und unterjochten Stadt, sengen und brennen, morden und vertreiben, wie es ihnen beliebt.

(20) Ihre Maschinen aber sind Lug und Trug, Meineid, unablässiges Zusetzen, Unverschämtheit und Gemeinheit tausendfacher Art, und vor allem die Schmeichelei, die Verwandte oder vielmehr die leibliche Schwester der Verleumdung. Und wirklich ist kein Mensch so edel gesinnt und hätte einen so diamantenen Wall um die Brust, dass er nicht bisweilen den Angriffen der Schmeichelei nachgäbe, während die Verleumdung in aller Stille die Grundmauern untergräbt.

(21) Aber auch im Innern des Hörers selbst gibt es Verräter, welche dem Belagerer hilfreich die Hand bieten, den Zugang zu ihm öffnen und die Eroberung auf jede Weise fördern. Da sind zuerst das allen Menschen innewohnende natürliche Verlangen nach Neuem und der Überdruss an dem, was man hat. Sodann die Neigung, mit besonderer Aufmerksamkeit solche Aussagen anderer zu vernehmen, die etwas Auffallendes haben. Denn es ist in der Tat ein ganz eigenes Vergnügen, das wir alle daran finden, heimliche Zuflüsterungen, durch die andere verdächtig werden, anzuhören. Und ich kenne Leute, deren Ohren durch eine Verleumdung ebenso angenehm gekitzelt werden, als ob sie sich mit einer Feder darin kratzten.

(22) Beginnt also der Gegner seinen Angriff unterstützt von solchen Verbündeten, so erfolgt die Einnahme im Sturm. Und könnte der Sieg wohl schwer sein, wo kein

Widerstand und keine Abwehr gegen solche Anfälle vorhanden ist, sondern der Hörer sich gutwillig ausliefert, der Verleumdete selbst aber von dem feindlichen Anschlag nichts weiß? Denn dieser wird wie die Einwohner einer bei Nacht eroberten Stadt gleichsam im Schlaf totgeschlagen.

(23) Und wie schmerzlich, wenn der eine, gänzlich unwissend, was vorgegangen ist, dem Freunde heiter und arglos, sich nichts Bösen bewusst, entgegentritt, und während man ihn von allen Seiten belauert, wie gewöhnlich handelt und spricht – und wenn dann der andere, sofern er einige Redlichkeit und Offenheit in seinem Charakter besitzt, seinen Zorn sogleich ausbrechen lässt und seine ganze Galle gegen ihn ausschüttet, am Ende aber, wenn er des Verleumdeten Rechtfertigung vernommen, zur Einsicht kommt, dass er sich ohne allen Grund gegen seinen Freund hat erbittern lassen.

(24) Ist er aber ein Mann von unedler und kleinlicher Denkungsart, so empfängt er den Freund mit freundlichem Lächeln auf den Lippen, während er im Stillen mit den Zähnen knirscht vor Hass und, wie der Dichter sagt, im Herzen auf Rache sinnt. Tatsächlich kenne ich nichts Schlechteres, nichts Niederträchtigeres, als mit verbissenen Lippen Galle zu kochen und den verschlossenen Hass zu nähren, das eine im Herzen zu verbergen und das andere zu reden und unter heiterer und lustiger Maske eine höchst leidenschaftliche und unheilvolle Tragödie zu spielen. Dies geschieht zumal dann, wenn derjenige, der einen anderen verleumdet, als alter Freund desselben gilt. In diesem Fall will man gar kein Wort zur Rechtfertigung des Angeschuldigten, weder von ihm selbst, noch von einem anderen hören, indem man im Voraus annimmt, eine Anklage, wenn sie von einem langjährigen Freund

herrührt, könne gar nicht anders als glaubwürdig sein, ohne zu bedenken, dass auch unter den vertrautesten Menschen vielfältige Veranlassungen des Hasses eintreten können, wovon andere gar nichts ahnen. Nicht selten beeilt man sich auch, dem anderen zur Last zu legen, wessen man selbst schuldig ist, um dem Verdacht gegen sich selbst zuvorzukommen. Überhaupt wird sich wohl niemand trauen, einen offenbaren Feind zu verleumden, weil eine gehässige Aussage, deren Ursache auf der Hand läge, schwerlich Glauben fände, sondern am liebsten verleumden die Leute solche, die man für ihre Freunde hält, indem sie dadurch den hohen Grad ihrer Anhänglichkeit gegenüber dem Dritten zu erkennen geben wollen, als ob sie um deren Besten willen auch ihre engsten Freunde nicht verschonten.

(25) Auch fehlt es nicht an Leuten, die, wiewohl sie in der Folge eingesehen haben, dass man ihre Freunde zu Unrecht bei ihnen angeschwärzt hat, gleichwohl aus Schamgefühl wegen ihrer Leichtgläubigkeit es nicht über sich gebracht haben, diese an sich kommen zu lassen oder auch nur eines Blickes zu würdigen, als hätten sie selbst Unrecht dadurch erlitten, dass sie nichts Unrechtes an ihnen entdeckten.

(26) So ist das menschliche Leben voll von dem Unheil, welches leichthin geglaubte und ohne Prüfung angenommene Verleumdungen stiften. Anteia bei Homer sagt:

Stirb, o Proitos, oder erschlage den Bellerophon,
welcher sich mir frech zur Liebe nahte, gegen meinen Willen,[308]

obgleich doch sie es gewesen war, die den Jüngling zum Bösen versuchte, aber von ihm abgewiesen wurde. Und

308 Homer, Ilias, 6,164 f.

wie wenig fehlte, so wäre der Schuldlose im Kampf mit der Chimäre umgekommen, und zum Lohne für seine Sittsamkeit und seine Achtung der Rechte des Gastfreundes den Ränken einer buhlenden Frau unterlegen? Durch eine ganz ähnliche Aussage gegen ihren Stiefsohn Hippolytos brachte es Phaidra dahin, dass der Vater den Sohn verfluchte, der nichts, auch nicht das Geringste, verbrochen hatte.

(27) »Sehr wahr«, höre ich sagen, »allein, bisweilen kann doch ein Anzeiger sehr glaubwürdig erscheinen und alle Aufmerksamkeit verdienen, wenn er sonst als rechtliebender und anständiger Mann gilt und noch nie eine Schlechtigkeit dieser Art begangen hat.« Gab es je, frage ich, einen rechtliebenderen Mann als Aristeides? Und doch verständigte er sich mit einigen anderen auf den Sturz des Themistokles und hetzte das Volk gegen ihn auf, weil ihn derselbe politische Ehrgeiz wie jenen anstachelte. Aristeides war also im Vergleich zu anderen ein rechtliebender Mann, allein er war ein Mensch, der Galle hatte wie jeder andere und dem einen zugetan war und den anderen hasste.

(28) Und wenn man die Sage von Palamedes[309] glauben darf, so hat der Verständigste aller Achaier (Odysseus), so rechtschaffen er in allen Stücken war, dennoch aus Neid gegen seinen Freund und Blutsverwandten, der mit ihm zu derselben Unternehmung ausgezogen war, Ränke zu dessen Untergang geschmiedet. So verbreitet und den

309 Sohn des Nauplios und der Klymene, sagenhafter Erfinder und für seine Schläue berühmt. Er verhinderte, dass sich Odysseus vor der Fahrt nach Troja drücken konnte. Dieser rächte sich, indem er bei Palamedes' Zelt Gold vergrub und einen gefälschten Brief König Priamos' verfasste, der Palamedes als Verräter in Verdacht brachte. Agamemnon, der auf die List Odysseus' hereinfiel, ließ Palamedes zu Tode steinigen.

Menschen angeboren ist also die Schwachheit, dergleichen Fehler zu begehen.

(29) Brauche ich noch Sokrates zu erwähnen, der mit so großem Unrecht bei den Athenern als ein gottloser und gefährlicher Mann verleumdet wurde? Oder Themistokles und Miltiades, die man nach so großen Siegestaten des Verrats an Griechenland verdächtigte? Ich hätte Beispiele zu Tausenden, wenn sie nicht schon größtenteils bekannt wären.

(30) Was hat nun der vernünftige Mann zu tun, wenn er entweder an der Wahrhaftigkeit (des Verleumders) oder an der Tugend (des Verleumdeten) zweifeln soll? Ich denke dasselbe, was schon Homer in seiner Dichtung von den Sirenen angedeutet hat, wenn er rät, an jenen süß lockenden aber verderblichen Klängen vorüberzusegeln und sich die Ohren zu verstopfen, sein Gehör also nicht Leuten zu öffnen, die von Leidenschaft eingenommen sind, sondern die Vernunft gleichsam als scharf prüfenden Türhüter an den Eingang zu stellen und sich nur das Würdige anvertrauen zu lassen, alles Schlechte hingegen abzuweisen und auszuschließen. Es wäre doch wohl ungereimt, da wir Türhüter an unsere Häuser stellen, wenn wir Ohren und Gemüt offen stehen ließen.

(31) Naht sich also einer mit einer so nachteiligen Aussage, so untersuche man die Sache an sich und lasse sich weder vom Alter des Anzeigers noch von seinem sonstigen Charakter noch auch von seiner geschickten Art der Darstellung irremachen. Denn gerade je mehr Überredungskunst er besitzt, desto sorgfältigere Prüfung ist nötig. Man traue also nicht dem Urteil oder der Leidenschaft des Anklägers, sondern behalte sich die Untersuchung der Wahrheit selbst vor, rechne das ab, was jener etwa nur aus Hass gesagt haben könnte, suche sich aufs Klarste von den

Gesinnungen beider Seiten zu unterrichten und entschließe sich erst *nach* solcher Prüfung zur Abneigung gegen den einen und zur Liebe gegen den anderen. Es aber *vor* derselben zu tun und sich schon vom ersten nachteiligen Wort in Bewegung setzen zu lassen – wie unmännlich wäre dies, wie niedrig, wie ungerecht!

(32) Übrigens sind die Ursachen von all diesem, wie ich im Eingang sagte, die Unwissenheit und das Dunkel, in welches der wahre Charakter des Einzelnen gehüllt ist. Wollte ein Gott unsere Herzen einander offenbaren, o wie schnell würde die Verleumdung in den Abgrund fliehen, da sie vor der Wahrheit, vor deren Licht dann alle Dinge erhellt wären, nicht bestehen könnte!

Ausgaben und Übersetzungen

FISCHER, Theodor (Übers.): Lucian's Werke. 4 Bde., Stuttgart 1866–1867

FLOERKE, Hanns: Lukian: Sämtliche Werke. Nach der Übersetzung von C. M. Wieland bearbeitet und ergänzt, 5 Bde. München – Leipzig 1911

JACOBITZ, Karl (Hg.): Luciani Samosatensis Opera. [Bibliotheca Teubneriana] Leipzig 1907–1913

MACLEOD, Matthew Donald (Hg.): Luciani Opera. [Oxford Classical Texts], 4 Bde., Clarendon – Oxford 1972–1987

MÖLLENDORF, Peter v. (Übers.): Lukian. Gegen den ungebildeten Büchernarren. Düsseldorf – Zürich 2006

PAULY, August Friedrich (Übers.): Lukians Werke. 15 Bdchn., Stuttgart 1827–1832

WEBER, Max (Übers.): Lukians von Samosata Sämtliche Werke. 2 Bde., Leipzig 1910–1913

WERNER, Jürgen / GREINER-MAI, Herbert (Hg.): Lukian. 3 Bde., Berlin 1974

WIELAND, Christoph Martin (Übers.): Lukians von Samosata Sämtliche Werke. 6 Bde., Leipzig 1788–1789

Literatur

BAUMBACH, Manuel: Lukian in Deutschland. Eine forschungs- und rezeptionsgeschichtliche Analyse vom Humanismus bis zur Gegenwart. München 2002

HAHN, Johannes: Der Philosoph und die Gesellschaft. Selbstverständnis, öffentliches Auftreten und populäre Erwartungen in der hohen Kaiserzeit. Stuttgart 1989

HALL, Jennifer: Lucian's Satire. 1989

JONES, Christopher P.: Culture and Society in Lucian. 1986

MESK, Josef: Lukians »Timon«. In: Rheinisches Museum 70 (1915), S. 107–144

NESSELRATH, Heinz-Günther: Lukianos von Samosata. In: Der Neue Pauly, Bd. 7 (Lef–Men), Stuttgart – Weimar 1999, Sp. 493–501

NESSELRATH, Heinz-Günther: Lukian. In: Lexikon antiker Autoren, hg. v. Oliver Schütze, Stuttgart 1997, S. 421–425

SCHMITZ Thomas: Bildung und Macht. Zur sozialen und politischen Funktion der zweiten Sophistik in der griechischen Welt der Kaiserzeit. München 1997

ZANKER, Paul: Die Maske der Sokrates. Das Bild des Intellektuellen in der antiken Kunst. München 1995